초보자를 위한 글 잘 쓰기 비결
나의 첫 번째 글쓰기 시간

나의
첫 번째
글쓰기 시간

이남희 지음

들어가는 말

글을 쓰고 싶은 이들에게

교정을 본 여파일까. 요즘 첫 번째 소설을 쓰던 시절이 자꾸 생각난다.

내가 젊었던 80년대는 표현의 자유가 없었다. 생각한 대로 다 말했다가는 큰일 난다는 불안감이 검열관처럼 사람들 마음속에 있었다. 필화사건이 종종 일어났고 말을 잘못해서 교직에서 쫓겨나는 경우도 더러 보았다.

대학을 졸업하고 교사가 됐는데 '대략 난감'이었다. 첫해 봄에 담임한 반 학생이 자살했고 다음해도 그랬다. 제대로 된 선생이 돼야 할 것 같았다. 뜻 맞는 동료들과 어울려 한국 근대사 공부를 했다.

음식점 이층에 모여 토론이 격렬해지자 한 사람이 내려가 아래층에서 말소리가 들리는지 동정을 살피고 올라오던 장면이 떠오른다. 밤이면 불쑥 잠을 깨어 낮에 한 말들을 곰곰 복기해보곤 가슴을 쓸어내린 적도 많았다.

그 시절 말은 그렇게 미루고 미루어 장마철 빨래처럼 가슴 밑바닥에 쌓여 곰팡이를 피우며 썩어가고 있었다. 그러다 영 잠이 오지 않던 어느 밤, 밀린

빨래를 하듯 말들을 종이에 꺼내놓기 시작했다.

일단 밖으로 나오자 말들은 나름의 관성으로 홍수를 이루었고 일 년 이상 나는 밤마다 글쓰기에 몰두했다. 어느덧 창문이 환히 밝아오고 정신을 차려 보면 혀는 바싹 말라 입천장에 찰싹 달라붙어 있고 어깻죽지는 굳어버려 꼼짝도 못하게 아팠다. 세수하면서 아무리 문질러도 지워지지 않던 셋째 손가락의 검은 잉크 얼룩, 그땐 글을 만년필로 원고지에 썼다. 가볍고 후련하고 뿌듯했다. 비로소 살아있다는 실감이 났다.

당시 나는 쓰는 글이 역사 리포트인지 소설인지 따지지 않았다. 그냥, 무조건, 썼다. 고장 난 세탁기가 세제 거품을 토해내듯 부글부글 끓는 말들을 꺼내놓지 않으면 가슴이 터져버릴 것만 같았다. 대충 마무리 되자 국어 선생님께 보여주었고, 이런 건 소설이 아니라는 평을 들었으며, 그의 충고대로 유명한 역사소설들을 읽으면서 새로 쓰다시피 고치고 다듬었다.

그렇게 갑신정변을 다룬 나의 첫 책 『저 석양빛』이 태어났다.

벌써 30년 가까이 지난 일이다. 그때나 지금이나 나는, 꼭 하고 싶고 해야만 한다고 느끼는 이야기를 찾아내는 것이 글쓰기의 첫 스텝이라고 생각한다.

그동안 글을 쓰고 싶어 하는 많은 이들을 만났다. 자기를 표현하고 싶다는 욕구는 누구에게나 있기 때문이고 글은 훌륭한, 어쩌면 최적의 수단일 것이다. 그럼에도 현실을 보면 누구나 쓰고 있지는 않다. 글쓰기의 문턱에 걸려 멈칫거리고 한숨 푹푹 쉬며 자책하고 있는 이들도 많다. 글쓰기의 기법을 모르거나 쓰는 일이 어려워서는 아닐 것이다.

묻지도 따지지도 말고(진저리치는 광고 카피지만 여기엔 적절하다.) 일단 시작해버린 다음 온몸으로 밀고 나가다 보면, 나의 첫 스텝이 그랬듯이, 글은 쓰여 지게 되어 있다. 그런 에너지는, 주위 상황의 협조 여부와 상관없이 글쓰기를 지속하게 해줄 뿐 아니라 글 가운데서도 넘쳐흘러 읽을 만한 글로 만들어준다. 다른 이들을 귀 기울이게 만드는 이야기라면 내적 힘이 바탕 되어야 한다는 건 상식이다. 에너지는 쓰는 이의 확신에서 비롯된 자신감에서 생긴다. 자신감은 내가 그 이야기를 확실하게 장악하고 있고 내가 반드시 해야 한다는 믿음이다.

이 책을 손에 들고 글 쓰는 방법에 관심을 느낀 사람이라면, 그냥 묻어두지 말고 하고픈 이야기를 찾아보았으면 좋겠다. 그리하여 내 시선, 내 관심이 머무르는 곳에 카메라 초점을 맞추듯 마음을 머물러 두고 곰곰 되씹다 보면 어느덧 그것이 내면에서 꿈틀거리며 속삭이기 시작할 것이다. 시작하라고, 쓰라고, 그러면 가볍고 후련하고 뿌듯해질 거라고…….

목차

들어가는 말
글을 쓰고 싶은 이들에게 · 04

1장. 워밍업, 평범한 이들을 위한 첫 단추 끼우기

01. 쓰고 싶은데 왜 쓰지 못하는가? · 12
02. 글쓰기는 몸으로 익히는 것이다 · 16
03. 선뜻 시작하지 못할 때 · 21
04. 아주 쉽게 시작하는 법 · 26
05. 머리가 아닌 손으로 생각하기 · 32
06. 쉽고 빠르게 쓰는 네 가지 팁 · 36

2장. 작가들은 알고 있는 기본 규칙

01. 주제와 소재, 그리고 제목 찾기 · 44
02. 구성과 아웃라인으로 글의 짜임새 갖추기 · 69
03. 문장과 문단 뜯어보기 · 86
04. 서사와 묘사, 글의 차이 · 107
05. 스토리텔링과 서스펜스의 비결 엿보기 · 122
06. 수정, 퇴고할 때 알아야 할 것들 · 149

3장. 개성 있는 글쓰기를 위한 나만의 감성표현 연습

01. 비유의 강력한 힘 · 158
02. 반드시 알아야 할 비유의 세 가지 방식 · 166
03. 비유의 요소 살펴보기 · 169
04. 신선한 비유 만들기 · 182
05. 참신한 이미지 표현 · 187

4장. 직접 읽고, 써보는 실전 글쓰기

01. 쓰기에 앞서 · 200
02. 일상의 단면, 자기 이야기 쓰기 · 205
03. 리뷰(비평문), 자기만의 시각으로 풀어내기 · 210
04. 그 사람이 알고 싶다, 인터뷰 글 · 214
05. 현장을 더욱 생생하게! 르포 · 225
06. 독특한 개성이 담긴 여행기 쓰기 · 238

나는 시작하지 못하고 머뭇거릴 때마다 자책하거나 정말 쓰고 싶은지 묻거나 죄책감을 느끼는 버릇을 내버렸다. 대신 그런 자신을 관찰해보는 여유를 갖게 되었고, 또 몇 달에 걸친 긴 글쓰기를 해야 할 양이면 작업실을 얻는 것으로 글쓰기를 시작할 때 일어나는 내적 저항을 해결하게 되었다.

워밍업, 평범한 이들을 위한 첫 단추 끼우기

01. 쓰고 싶은데 왜 쓰지 못하는가?

  돌아보니 글쓰기를 가르친 지도 벌써 25년째다. 소설이 한창 붐을 이뤘던 90년에 소설창작반을 맡기 시작해 그 후 대학이며 여러 단체에서 자서전쓰기, 논픽션쓰기, 치유글쓰기, 수필쓰기 등으로 이름을 바꿔가며 글쓰기 강좌를 열어왔다. 그러다 보니 수강생 중 누구는 자서전이나 수필집을 출간하고, 등단하고, 상을 받고, 인기작가가 되기도 했다.
  세상이 어떻게 변해가든지, 트렌드가 종이책에서 전자책으로, 스마트폰 화면으로 바뀌어도, 글을 잘 쓰고 싶어 하고 배우려는 사람은 늘 있었다. 글쓰기는 말하기와 마찬가지로 타고난 본능인가 싶었다. 아니, 이젠 누구나 쉽게 책의 저자가 될 수 있는 시대여서, 불특정 다수에게 뜻을 알리기 용이한 글이

의사소통의 핵심 수단이 되었을지도 모른다.

　수강생이 원하는 것은 두 가지였다. 글 잘 쓰는 비결을 알려달라는 것과 실제로 글을 쓰도록 만들어달라는 것. 처음엔 둘 다 버거웠다. 특히 뒤의 요구는 터무니없다 싶었다. 쓰고 싶으면 쓰면 되지 않은가? 글을 쓰지 않고 있다는 건 실제로는 쓰고 싶지 않은 게 아닌가?

　내 습작시절만 해도 글이란 혼자, 알아서, 무작정 쓰는 거였다. 글쓰기 안내서도 드물었고 습작강좌는 더더구나 없었다. 그냥 골방에 틀어박혀 한 칸 한 칸 원고지를 메웠고, 그러다 공모전이 있으면 원고뭉치를 꾸려 우체국에 달려가 부치는 게 다였다. 눈치 빠른 창구직원이 도착지 주소를 보고 '당선되세요'라고 인사라도 할라치면 얼굴이 벌개져서 도망치듯 나왔었다. 그런 다음에야 자신의 작품을 이리저리 가늠해보곤 했다.

　신춘문예철이라는 11월이 되면 습작생들은 열병을 앓았다. 풍문으로는 당선소감까지 써놓았다가 떨어지자 항의하러 갔다든지, 대작가인 ㅊ 선생은 처음 원고를 부친 뒤 친구들을 불러다 상금만큼 술을 마셨는데 떨어졌다고 한다. 다음 해도 그랬고, 그 다음 해엔 친구들이 불러도 오지 않았는데 당선됐다는 등의 후일담이 무성했다. 그만큼 자기 글을 객관적으로 피드백 해볼 기회가 적었던 것이다. 그 탓인지 글은 혼자 알아서 쓰는 거라는 공식이 내 머릿속에 박혀 있었다.

　그러나 작가 생활이 길어지면서 글을 쓰도록 만들어달라는 요구에 점차 고개를 끄덕이게 되었다. 글이라는 게 쓰고 싶다고 술술 써지는 건 아니었다. 도저히 쓸 수 없을 것 같다가도 원고마감이 임박하면 어떻게, 어떻게 써내는 경우가 허다했다. 가슴을 간질이면서도 때로는 머릿속에서 뱅글뱅글 돌면서도 말로 되어 나오지 못하는 것들이 막상 마감이라는 경계에 부닥치면 글이 되는 일도 꽤 있었다. 때로는 없는 열정도 쥐어짜다 보면 자가 발전되어 활활 타오르기도 하는 거였다.

   작가들은 '원고마감'이 글을 쓰게 만든다는 말을 곧잘 한다. 심지어 글쓰기의 뮤즈(영감)는 원고마감이라고 단언하는 이도 있을 정도이다. 세상사가 대충 그러하듯, 어딘가에 이름을 걸어놓고 무언가 하겠다고 약속하는 건 때론 내면의 열정보다 더 강한 추진력이 되기도 하는 것이다.

   '독서가 하고 싶다. 독서가 꼭 필요하다는 것도 안다.'
   '그런데 왜 책을 안 읽지?'
   '책은 일상의 다른 일과 달리, 예를 들면 당장 젖 달라고 보채는 어린아이처럼 당장 읽으라고 보채지 않기 때문이다.'

   우선순위의 딜레마. 이처럼 내면의 욕구와는 별개로 우선순위에서 자꾸 밀려나기만 하는 경우도 있게 마련이다. 수강생들도 비슷한 처지일 것이다. 강사 입장에선 그런 요구를 들어주는 게 어렵지 않았다. 마감을 정해주고 쓰라고 독려하면 됐다. 요즘처럼 인터넷이 보편화된 시대엔 메일로 미리 받을 수 있으니 편리했다. 과제를 받으면 프린트해서 읽는다. 생각해본다. 연필을 들고 다시 읽으면서 체크한다. 가능하면 동료수강생들과 합평하도록 유도한다. 강사 개인 취향의 피드백만으론 충분치 않기 때문이다. 시간과 품은 많이 들어도 한 단어씩 꼼꼼히 짚어줄수록 수강생들의 글쓰기는 빠르게 달라져서 재미도 있고 보람도 느꼈다.

이런 경험 때문에 나는 글쓰기를 시작할 때면 글은 써야 실력이 는다고, 잘 쓰고 싶다면 무조건 써야 한다고 강조하게 되었다. 그리고 온갖 감언이설을 동원해서, 학교라면 학점으로 위협하면서 매시간 일정 분량의 글을 쓰도록 독려해왔다.

마감을 만들어주는 건, 쓰고 싶으면서도 쓰지 못하고 있는 사람이 글을 쓰면서 불필요한 자기 회의나 자책감으로 시간을 소모하지 않도록 하고 나중에 글쓰기와 거리를 두고 살더라도 후회가 남지 않도록 하는 방편인데, 여기엔 원론적인 이유가 숨어 있다.

워밍업, 평범한 이들을 위한 첫 단추 끼우기

02. 글쓰기는 몸으로 익히는 것이다

학창시절, 특별활동으로 문예반을 택했다. 담당교사가 초임이라 그랬던지 교실 분위기는 어수선하기 짝이 없었다. 여학생들은 눈치도 보지 않고 떠들었고, 선생은 질린 듯 멀거니 구경만 하고 있었다. 한참 뒤 선생은 교탁을 탕탕 치면서 말했다.

"작가가 되는 비법을 가르쳐주겠다."

구하는 마음이 있을 땐 비법이라는 말 한마디면 배고픈 물고기처럼 훅 낚이는 법이다. 모두가 입을 꾹 다물고 눈을 빛냈다. 선생은 분필을 잡고 잠시 생각에 잠긴 척하더니 칠판이 가득 차도록 단어 세 개를 쓱쓱 썼다.

다사(多思), 다독(多讀), 다작(多作)

"이걸로 일 년치 수업을 다 한 거나 다름없다."

그 시절 기억은 대부분 빛이 바랬으나, 그 수업만은 어제 찍은 사진처럼 뇌리에 선명히 박혀 있다.

'다작(多作)', 전문작가가 되려는 게 아니라 그냥 글을 잘 쓰는 사람, 자기 마음을 개성 있게 혹은 자기답게 글로 표현하고 싶다고 해도 역시 많이 써보는 것 이상의 지름길은 없다. 실제로 글을 써보는 것은 글쓰기의 이런저런 규칙을 많이 배우는 것보다 훨씬 효과적인 공부법이다.

일을 제대로 하려면 이치를 알아야 한다고들 하지만, 어떤 종류의 일은 지식보다는 '몸익힘'이 더 결정적이다. 모르기 때문이 아니라 안 하기 때문에 우리에겐 변화가 일어나지 않는다. 머리에서 손까지의 여행이 가장 멀다는 말도 있듯, 지식을 쌓는 건 필기시험에는 유리할지 몰라도 실생활에서 뭔가를 하는 데는 별 도움이 되지 않는 경우가 허다하다.

꿀을 예로 들어보자. 꿀에 대해 아무리 많은 걸 배우고 연구해서 꿀에 대해서라면 박사학위 논문까지 쓸 정도라고 하더라도, 실제로 꿀을 먹어보지 않았다면 꿀이 무엇인지 안다고 할 수 없을 것이다. 악기 연주, 자전거 타기, 수영과 같은 일은 지식이 아닌 몸익힘을 통해서야 비로소 내가 아는 것이 되고 마침내 내 것이 된다. 교실에 앉아 수영법을 백날 공부한 사람도 막상 풀장에 데려다 놓으면 당황하게 마련이다. 수없이 빠지고 물을 먹고 허우적거려본 사람이라야 수영을 할 줄 알게 된다. 자전거 타기도 그렇다. 실제로 자전거에

올라타 많이 넘어져본 사람일수록 자전거를 잘 타게 된다. 허우적거리기, 넘어지기를 생략하고 그 기술을 가질 수는 없는 것이다. 글쓰기도 실제로 써보지 않으면 잘 쓸 수가 없다. 글쓰기를 배운다는 건 글쓰기의 비결이나 지식을 쌓는 게 아니라 쓰기를 몸으로 익히는 과정이라고 말할 수 있다.

이 점은 특히 글의 스타일을 가르쳐야 하는 대목이 되면 절실하다. 강사의 입장에선 말로 전하는 데 한계를 느낀다. 단어의 함의를 따지고, 문장의 길이를 재고, 문단 속 문장의 숫자를 헤아리고 장문과 단문의 배치를 살펴서 왜 그런 뉘앙스가 만들어지는지 설명하려고 해봤자, 수강생들은 그 감각을 익히지 못한다. 그래서 눈으로 훑지 말고 필사(筆寫: 베껴 쓰기)를 해보라고 권한다.

몸익힘은 감을 만드는 일이고, 감이란 말로 설명해서 깨우치게 하기는 어렵다. 스타일뿐 아니라 글에 대한 전반적인 감각을, 작가들은 필사를 통해서 익히는 일이 많다. 내 경우, 글쓰기를 시작하기 어려울 땐 이런저런 글을 베껴 써보기도 한다. 평소에도 책을 읽다 마음에 와 닿는 구절을 만나면 부분이든 전체든 베껴 쓰면서 음미하고, 때로는 그걸 타이핑해서 수강생들과 같이 읽으려고 나누기도 한다. 대선배인 ㅂ 작가는 소설을 읽다가 분위기가 마음에 들어 그런 풍을 흉내 내고 싶을 땐 그 책을 일정 부분 필사해본 다음에 당신 작품을 쓰기 시작한다고 했고, 유명한 ㅅ 작가는 고교시절 교과서 밑에다 『난장이가 쏘아올린 작은 공』을 펴놓고 몰래 필사했던 경험을 털어놓은 바도 있다. 또 문예창작학과 교수이기도 한 ㅎ 작가는 아예 소설 몇 쪽씩을 외우는 과제를 내고 강의시간에 한 명씩 일어나 낭송하도록 시켜 학생들을 곤혹스럽게 만든다고 한다.

이렇게 필사의 효과를 강조하면 반드시 손을 들고 하는 질문이 있다.

"꼭 손으로 써야 해요? 워드로 치면 안 됩니까?"

이 질문에 대한 내 답은 "마음대로 하세요. 하지만 내 경우에는 손으로 쓰는 게 감을 몸에 익힌다는 측면에선 더 효과적이더군요."이다. 글은 엉덩이의 힘으로 쓴다고 하듯, 무조건 버티면서 쓰면 솜씨는 늘게 되어 있다. 글쓰기를 배운다는 건 실제로 쓰는 과정을 통해 몸으로 한 단계, 한 단계씩 밀고 나가는 일이다. 매 단계마다 '내가 이런 걸 이렇게 잘 쓰다니!' 하고 감격했다가도 곧 '고작 이렇게 밖에 못쓰다니. 누가 보면 창피해서 어쩌지?' 싶어져 낙담하게 된다. 이렇게 자기 확신과 의심, 둘 사이를 시계추처럼 오락가락 하다 보면 어느 순간 누가 말해주지 않아도 제대로 썼다는 확신이 온다. 다음 단계로 올라선 것이다. 그 단계에서 다시 확신과 의심, 깨달음을 겪게 되고 그리고 다음…. 이런 과정을 밟으면서 실력은 조금씩 늘어간다. 이래서 글쓰기가 천형이니 황홀한 감옥이니 하고 작가들은 엄살을 부리는 것이다.

아무튼 사람들은 기본적으로는 글쓰기가 즐겁고 자꾸 하고 싶기 때문에 글을 쓰고, 그러다 전문 작가가 되기도 한다. 이런 느낌에 대해 헤밍웨이는 글을 쓸 때처럼 인생에서 행복한 시간은 없다고 토로했다. 그는 하루치 글을 쓴 다음에는 그날 쓴 글의 단어수를 헤아리곤 했는데, 목표한 대로 원고지 10여 장 분량을 쓴 날에는 더할 수 없이 좋아했다고 한다.

나도 글쓰기를 좋아하고 즐거워한다. 아침에 눈을 떴을 때 '오늘 뭘 써야지' 하고 생각하면 어서 책상 앞에 앉고 싶어 손이 근질근질한 느낌인데, 흐뭇하고 살맛이 난다. 글쓰기에 한창 몰입해 있는 시간들은 더할 나위 없이 행복하다. 진득하지 못한 성격 탓인지, 젊은 시절엔 작업실을 얻어 책 한 권 정도의 원고를 쓰고 나면 싫증이 났었다. 그래서 지기(地氣)가 쇠(衰)했다는 핑계를 대고 이사를 해버리곤 했는데, 그러다 보니 시내 곳곳에 한때 작업실을 얻어 글을 썼던 추억이 산재해 있다. 가끔 그 부근을 지나칠 때면 '여기서는 이런 글을 썼는데…' 하고 그 시절이 떠올라 흐뭇해진다. 그때 작업한 책의 성패와는 상관없이 글을 썼던 그 시간들이 좋은 것이다.

03. 선뜻 시작하지 못할 때

글쓰기가 언제나 '즐거움 100퍼센트'라고 단언하지는 못한다. 나는 글을 시작할 때면 단번에 들어가지 못하고 한참이나 뜸을 들이는 타입인데, 작업이 일정 궤도에 오를 때까지는 대체로 그렇다. 그때마다 집안을 뱅뱅 돌면서 앉았다 일어났다를 반복한다. 문장 한 줄 써놓고는 이게 제대로인지, 적절한지, 사기 치는 건 아닌지 오래 고민하기도 한다. 때로는 책상 앞에 앉기가 망설여져 공연히 서성거리다 냉장고를 열어보고 커피를 끓이고 집안 청소를 하기도 한다. 그래서 글쓰기가 잘 진척되지 않을 땐 사방이 반짝반짝 윤이 난다. 다시 샤워를 하는가 하면 간신히 책상 앞에 앉아도 연필을 한 다스쯤 깎을 때도 있다. (나의 신인시절처럼 연필이 두루 쓰이지 않는 게 섭섭하다. 스타일리스트로 유명한 ㄱ 작가는 요즘도 원고지에 연필로 글을 쓰는데, 다 쓴 몽당연필은 작업실 구석 저울에 수북이 모아둔다고 한다. 아마 그 연필무더기를 볼 때면 자신의 작업이 구체적인 물상으로 측정돼 뿌듯할 것 같다.)

이러다 보니 때로는 자신이 작가 그릇도 못되는데 욕심을 부리는 게 아닐까 의심스러워진다. 이런 고민을 단숨에 날려준 분이 문단의 거목이라고 불리는 ㅂ 작가였다. 하루는 같이 점심을 먹는데 지나가는 말처럼 이런 얘기를 하셨다.

"이상하지? 왜 나는 원고마감만 다가오면 옷장정리를 시작하는지 몰라."

말씀인즉 안 그래도 시간이 촉박해서 초조한데 있는 옷, 없는 옷 다 꺼내 정리하면서 시간을 보내게 된다는 거였다. 당신의 그런 행동이 납득이 안 된다면서 고개를 갸웃거리셨다. '나도 그런데…' 다들 찔끔하면서도 공감하는지 미소를 지었다. 그제야 나는 '대작가도 그럴 정도이니 시작을 못하고 머뭇대는 현상은 작가들이 겪는 일종의 통과의례가 아닐까' 싶어졌다. 독일의 소설가인 토마스 만은 소설 『트리스탄』에서 펜을 쥐고 책상에 앉은 다음에도 감히 글쓰기를 시작하지 못하는 소설가의 모습을 묘사하면서, 작가란 정말 글쓰기를 싫어하는 종족이라고 단언하기까지 하였다.

글을 쓴다는 건, 심리적으로 보면 우리가 일상적으로 하는 행동과는 정반대로 움직이는 행위이다. 음식을 만들거나 공부를 하거나 사람을 만나 대화할 때, 마음이라는 심리에너지는 외부 세계로 뻗어나간다. 마음의 흐름(지향

성)이 음식이나 책, 사람에게로 확산되는 것이다. 그런데 글을 쓰려면 자기 마음을 들여다보게 된다. 자신과의 대화다. 마음의 흐름, 심리에너지는 내부 세계로 향한다. 수렴작용인 셈이다. 밖으로 흘러가던 에너지의 흐름을 갑자기 안으로 돌리려 하면 관성의 법칙이 작용해서 저항이 일어난다.

 심리학자인 칼 융은 마음이 흐르는 방향을 밖에서 안으로 바꾸는 문제를 두고 원시부족의 생활모습을 예로 들어서 설명했다. 평화 상태로 살아가던 부족이 전쟁을 하러가야 한다면 전날 반드시 전야제를 연다. 어둠 속에 모닥불을 피우고 둘러서서 춤과 노래, 평소에는 하지 않던 광란 행동을 감행하여 무아지경에까지 이르기도 한다. 평화모드로 있던 심리상태를 전투모드로 바꾸어야 전쟁을 할 수 있기 때문이다. 크리스마스이브나 축제 전야제를 여는 풍습도 거기서 유래되었다고 한다.

 그처럼 글쓰기에 적합한 심리모드가 되려면 외부 세계로 뻗어나가던 일상적인 마음의 흐름을 내부로 돌리는 계기가 필요하다. 일종의 '문턱 넘기'랄까? 당연히 저항을 겪게 마련이고, 머뭇대기나 딴전피우기 같은 뜸 들이는 행동으로 나타나는 것이다.

 이것은 글쓰기의 그릇이 되고 못되고, 진심으로 쓰고 싶고 아니고의 문제가 아니다. 단지 그 작업에 적합한 심리모드를 갖추기 위해, 마음의 흐름을 밖에서 안으로 불러들이는, 융의 표현을 따르자면 심리에너지의 흐름을 전환하느라고 생긴 약간의 번거로움에 불과하다.

 이런 사실을 알게 된 후 나는 시작하지 못하고 머뭇거릴 때마다 자책하거나 정말 쓰고 싶은지 묻거나 죄책감을 느끼는 버릇을 내버렸다. 대신 그런 자신을 관찰해보는 여유를 갖게 되었고, 또 몇 달에 걸친 긴 글쓰기를 해야 할 양이면 작업실을 얻는 것으로 글쓰기를 시작할 때 일어나는 내적 저항을 해결하게 되었다. 늘 시간을 정해놓고 같은 장소에서 무조건 버티는 건 의외로 큰 효과가 있다.

이런 나와 달리 집에서 글을 쓰는 ㅇ 작가는 책상 앞에서 자기도 모르게 벌떡벌떡 일어나곤 해서, 글을 쓰려고 책상 앞에 앉으면 스카프로 무릎을 의자에 묶어둔다고 한다. 무심코 일어서려다 의자에 걸리면 '아차!' 하고 정신을 차리게 되어 도로 앉는다는 것이다. 또 대선배인 ㅊ 선생의 경우, 아침마다 출근하듯이 양복을 차려입고 가방을 들고 아파트의 구석방으로 들어가 문을 잠갔다고 한다. 더 심하게는 부인으로 하여금 방문 밖에서 빗장을 잠그도록 부탁했다는 ㅇ 작가도 있다. 또 일본의 영화감독 구로사와 아키라는 밤에 집에 들어가면 반드시 한 시간씩, 내용은 개의치 않고 무조건 글(시나리오 초고였을 듯)을 쓰고 잤다고 한다. 술에 취해 들어간 날도 거르지 않았다니 대단하구나 싶다.

미국의 베스트셀러 작가 존 그리샴은 원래는 변호사였다. 그러다 작가가 되기로 결심하고 습작시절을 다음과 같이 보냈다고 한다. 일단 아침 5시에 알람이 울리면 일어나 샤워를 하고 5시 30분엔 커피와 종이를 챙겨 책상 앞에 앉는다. 어떤 날은 겨우 10분 만에 한쪽을 다 쓰기도 하고 어떤 날은 한쪽을 쓰는 데 무려 두 시간이 걸리기도 한다. 어쨌든 정해놓은 대로 한쪽을 다 쓰고 난 다음에야 일을 하러 갔다. 이렇게 일주일에 5일을 꼬박 썼다고 한다. 그는 베스트셀러 작가가 된 다음에야 비로소 변호사 일을 그만두었다.

이렇게 일정한 시각에 일정한 장소에 앉아 정한 만큼 일을 하는 건 작가가 되는 첫 번째 비결이라고 할 수 있다. 매일 글을 써야 하는 생계형 전문작가들은 대체로 장소를 정해놓고 정해진 시간만큼 머물면서 글을 쓰든 못쓰든 그 장소를 벗어나지 않는데, 가끔은 일정한 의식까지 정해서 글쓰기를 시작할 때 발생하는 머뭇거림을 해결하기도 한다.

스티븐 킹은 매일 오전 8시에서 8시 30분 사이에 글을 쓰기 위해 같은 책상 앞에 앉곤 하는데, 그럴 때마다 차 한 잔과 종이가 준비되어 있어야 시작할 수 있다고 한다. 잭 케루악은 촛불을 켜고 쓰기 시작해서 하루치 작업이 끝날 땐 촛불을 끄는 것을 글쓰기의 의식으로 삼았고, 무라카미 하루키가 본받았다는 레이먼드 챈들러는 글을 쓰기로 정한 시간에는 설혹 쓰지 못하더라도 타이프라이터 앞에서 빈둥거렸다고 한다. 글을 쓰지 않는다고 해서 그 시간에 책을 읽거나 다른 일을 하면 안 된다고 충고하기도 했다.

또 내가 좋아하는 작가 그레이엄 그린은 새벽에 일어나 정확하게 5,000단어를 쓰고 나면 문단이 끝나지 않았더라도 펜을 놓고 밖에 나가 놀았다고 한다. 책 한 권 분량이 넘는 긴 글을 써야 한다면 그레이엄 그린처럼 절제하는 태도를 유념해둘 필요가 있다. 어떤 날 컨디션이 좋아서 술술 써진다고 길게 내달리다 보면 다음날은 글이 잘 진척되지 않는 상황이 종종 발생한다. 또 하나, 하루치 정한 분량을 쓰고 나면 내용을 완전히 끝맺지 말고 중단하는 것도 계속 글을 써나가는 요령이다. 만약 이야기의 한 호흡이 끝나는 곳까지 내용을 다 써버렸다면 그 다음에 이어질 내용을 대충이라도 써두면 좋다. 그러면 다음날 그걸 그대로 이어가든, 내버리든 쉽게 글쓰기를 시작할 수 있다.

워밍업, 평범한 이들을 위한 첫 단추 끼우기

04. 아주 쉽게 시작하는 법

　전업 작가들도 대충 이런 형편이니 글쓰기가 익숙지 않은 사람은 더 주저할 것이다. 쓰기가 망설여진다고, 쓰겠다고만 하고 실제로 쓰지 못한다고 자책하지 말고 그냥 시작해보자. 물론 첫 번째 문장은 쓰기 겁나고 쓰더라도 제대로 쓴 것인지 미심쩍고 불안해서 고치고 또 고치고, 지우고 또 다시 쓰고 할지도 모른다. 그래도 일단은 써야 한다. 어떻게 시작할지 막막하다는 사람을 위해 나는 강좌에서 두 가지 방법을 소개하고 있다.
　첫 번째는 간단한 말 한마디를 주문처럼 외우다가 그걸 디딤판 삼아 다이빙하듯 이야기 속으로 뛰어드는 방법이다. 혼자서 하기에 적당하다. 주로 '나는 기억한다'라는 문구를 권하고 있다. 종이나 워드에 '나는 기억한다'고 쓴 다음 마침표를 찍지 말고 잠시 기다려본다. 다음 말이 나오지 않으면 소리 내어 몇 번이고 중얼거린다. 아마도 뒤따라 이어지는 말이 있을 것이다. 그것을 글자로 옮기면 된다. 쓰다가 막히면 다시 '나는 기억한다'고 중얼거린다. 그리고 뒤따라 나오는 말을 기다려 무조건 쓴다. 이렇게 몇 번 되풀이하다 보면 어느덧 회상기 같은 글이 되어 있을 것이다. 이것을 초고로 삼아서 추억을 이야기하는 수필로 다듬을 수 있다. 단순히 옛날 기억을 떠올리는 것에 그치지 말고 추억을 거울삼아 현재의 자기 생활상이나 자기 문제까지 비춰볼 수 있다면 멋진 수필이 될 것이다. 다음은 내가 좋아하는 글, 피천득의「시골 한약국」이다.

나는 학생시절에 병이 나서 충청도 어느 시골에 가서 몇 달 요양을 하였다. 그때 내가 유하던 집 할아버지의 권고로 용하다는 한약국에 가서 진찰을 받고 약을 한제 지어먹은 일이 있었다. 그 의원은 한참 내 맥을 짚어 보고서는 전신쇠약이니 녹용과 삼을 넣은 보약을 먹어야 한다고 하였다.
그런데 자기 약방에는 약재가 없고 약 살 돈도 당장 없다고 하였다. 사실 낡은 약장에는 서랍이 많지 않았고 서랍 하나에 걸려 있는 약저울도 녹이 슬어 있었다. 약국 천장을 쳐다봐도 먼지 앉은 봉지가 십여 개쯤 매달려 있을 뿐이었다.
어째서 내 마음이 그에게 끌렸던지 그 이튿날 나는 그 한의와 같이 4, 5십리나 되는 청양이라는 곳에 가서 내 돈으로 나 먹을 약재를 사고 약국을 해먹으려면 꼭 있어야 된다는 약재를 사도록 돈을 주었다. 약의 효험인지 여름 시냇가에서 날마다 낚시질을 다니고 밤이면 곤히 잠을 잔 덕택인지 나는 몸이 건강해져서 서울로 돌아왔다. 내가 돌려주었던 그 돈은 받았는지 받지 못하였는지 지금은 생각나지 않는다. (#S1. 세 개 문단을 떠오르는 기억을 이야기하듯이 썼다. 여기서는 한약방 정경을 그림처럼 묘사한 부분을 눈여겨보자.)

나는 그 후 셰익스피어의 극 '로미오와 줄리엣' 속에 로미오가 독약을 사는 약방이 나올 때 비상조차도 없을 충청도 그 시골의 약국을 회상하였다. (#S1.을 가볍게 마무리하고 #S2.를 자연스럽게 잇는 부분)

양복 한 벌 변변한 것을 못해 입고 사들인 책들을 사변 통에 다 잃어버리고, 그 후 5년간 애면글면 모은 나의 책은 지금 겨우 삼백 권에 지나지 아니한다. 나는 이 책들을 기른 꽃들을 만져보듯이 어루만져보기도 하고, 자라는 아이를 바라보듯 대견스럽게 보기도 한다. (#S2. 현재. 자신의 지금 처지를 담담하게 서술했다.)

물론 내가 구해놓은 이 책들은 예전 그 한방 의사가 나에게 돈을 취하여 사온 진피, 후박, 감초, 반하, 행인 같은 것들이다. 그런데 우황, 웅담, 사향, 영사, 자금정 같은 책자들이 필요할 때면 나는 그 시골 약국을 생각하게 된다. (앞 #S1. 중 두 번째 문단에서 한약방 정경을 그림처럼 그려놓았기 때문에, 내게 필요한 책들을 한약에 빗대어 늘어놓은 대목이 힘을 얻어 필자의 가난한 형편을 독자들이 눈으로 보고 있는 듯 느끼게 만든다.)

짧지만 그래서 더욱 단아한, 눈앞에 가난한 대학교수의 생활이 그림처럼 펼쳐지는 멋진 글이다. 이처럼 기억한다는 말에 떠오르는 대로 죽 써나가되, 나중에 문장을 최대한 다듬고 압축하면 이런 글이 나올 것이다.

두 번째는 강좌에서 항상 쓰는 방법인데, 말과 글의 차이가 그 자리에서 느껴져서 글쓰기가 정말 별 것 아니구나 하는 자신감을 북돋워주는 장점이 있다.

먼저 파트너가 있어야 한다. 마음에 맞는 친구가 있다면 함께 분위기 있는 조용한 카페 같은 데서 해보면 좋을 것이다. 두 사람이 마주 앉아 평소 잡담을 나누는 분위기로 번갈아 하고 싶은 이야기를 한다. 그리고 그걸 글로 써보는 방법이다.

우선 종이 한 장을 펴놓는다. 가운데에 자기 이름을 쓴다. 왼쪽 위엔 좋아하는 물건, 오른쪽 위엔 좋아하는 장소, 왼쪽 아래엔 좋아하는 일, 오른쪽 아래엔 좋아하는 사람을 쓴다. 주의할 점은 구체적으로 지목해서 하나만 쓴다는 것. 예를 들면 좋아하는 장소라면 산이라고 쓰기보다는 산 정상, 산 정상보다는 북한산 정상, 정상 중에서도 인수봉이라든지 하고 콕 찍어서 쓰는 게 좋다(요즘은 구체성의 시대이고, 디테일의 비중이 커졌다). 좋아하는 사람을 쓸 때도 한 사람의 이름을 쓴다. 또 하나는 쓸 때 너무 고심하며 고르지 않는다. 얼핏 떠오르는 것이 정말 내가 좋아하는 것이니까 자신을 믿고 그냥 쓴다.

좋아하는 물건		좋아하는 장소
	이유정	
좋아하는 일		좋아하는 사람

이렇게 쓴 종이를 파트너에게 보여주면서 자기가 좋아하는 것은 무엇이고, 왜 그걸 좋아하는지, 혹은 좋아하기 때문에 일어난 에피소드 같은 걸 들려준다. 구체적이고도 상세하게. 말로 그림을 그린다는 느낌으로 이야기한다. 듣는 이는 머릿속으로 세세하게 그려지지 않는, 모르겠는 부분을 질문하여 보충 설명하게 만드는 편이 좋다. 내 이야기가 끝나면 파트너도 나에게 똑같이 이야기하게 한다. 그런 다음 방금 이야기한 것을 그대로 글로 옮긴다.

간략히 이야기했다면 다섯 줄 정도, 제대로 충분히 늘어놓았다면 4~8문단 분량의 글이 될 것이다. 그렇게 쓴 글을 두 사람이 교환해서 읽어보고 방금 들은 이야기와 비교하여 다른 부분, 빠진 부분, 덧붙여진 부분을 표시하여 돌려주면 된다. 장난 같겠지만 실제로 해보면 글쓰기가 재미있고 쉽다는 걸 발견할 것이다.

이렇게 쓴 글은 완성본이 아니라 초고이다. 이것을 바탕으로 수필 한 편을 만들 수 있다. 초고를 틈날 때마다 들여다보면서 내가 좋아하는 네 가지를 곰곰이 생각해본다. 좋아하는 물건을 다시 살펴보거나, 그 장소에 다시 가보거나, 그 사람을 다시 만날 기회가 있다면 놓치지 말고 주의 깊게 관찰하는 것이 좋다. 머릿속으로든 실제로 접해서든 되새기고 관찰하면서 그것만의 특징적인 이미지를 잡아내도록 하자. 이때 '주의 깊은 관찰'이 가장 중요하다. 그것만이 나만의 개성이 살아 있는, 나만의 감성이 빛나는 글을 만들어주기 때문이다.

소재를 충분히 관찰했거나 기억으로라도 세세하게 되새겨보았다면, 책상 앞으로 돌아가 파트너와 함께 이야기한 다음 썼던 글(기껏해야 초고에 불과하다는 걸 명심하자.)을 소리 내어 읽는다. 그리고 글의 분량을 늘린다는 느낌으로 주절주절(지나치리만큼 상세하게 늘어놓고 있다는 느낌이 들 정도로) 늘어놓으면서 새로 쓰면 된다.

  이렇게 하면 「내가 좋아하는 것들」이란 제목을 붙일 수 있는 자기소개의 글이 된다.

워밍업, 평범한 이들을 위한 첫 단추 끼우기

05. 머리가 아닌 손으로 생각하기

　본격적으로 써보겠다고 작정했다면(꼭 전문작가가 되려는 게 아니라고 해도), 제일 먼저 할 일은 함부로 쓸 수 있는 연습장을 한 권 마련하는 것이다.
　쓰려고 책상 앞에 앉았는데 뭘 써야할지 머릿속이 하얘진다는 사람은 준비가 덜 된 것이다. 그런 막막함을 극복하려면 연습장이 필요하다. 함부로 낙서해도 되는 허름한 노트가 좋다. 디자인이 멋지거나 값비싼 노트는 부담스러워서 아무렇게나 쓴다는 연습장 본연의 임무를 다하기 어렵다. 단정하게 잘 써야한다는 무의식적인 동기가 작동해서 어깨에 힘이 들어가기 때문이다.
　연습장은 손으로 생각하기 위한 수단이다. 앞으로 생각은 머리가 아니라 손으로 하는 일이라는 걸 명심하자. 사람은 한순간에 오만가지 생각을 하지만 그 순간이 지나고 나면 뭘 생각했었는지 하나도 떠올리지 못하곤 한다. 글자로 남겨진 생각이라야 비로소 생각을 했다고 할 것이다. 떠오른 것은 무조건 쓴다. 제대로 된 글이 아니라도 좋다. 낙서여도 좋고, 마구 휘갈긴 그림이 돼버려도 괜찮다. 내가 그 내용을 알 수 있기만 하면 된다.

 이런 노트를 작가들은 창작노트라고 부른다. 도스토예프스키 같은 소설가는 창작노트를 다듬어서 '작가일기'라는 제목의 책으로 출판하기도 했고, 카뮈를 비롯한 유명 작가들의 경우엔 죽은 뒤 창작노트가 '작가일기'라는 제목으로 출판되기도 하는데, 평소 소재를 어디서 어떻게 얻는지, 떠오른 아이디어를 어떻게 발전시켰는지를 알 수 있어 흥미롭다.

 김수영의 산문을 읽다보면 떠오른 시상을 담뱃갑에 적어둔다는 글이 있다. 그러다 담뱃갑을 구겨 버렸는지, 나중에 못 찾아 안타까워하는 내용이다. 뭔가가 떠오르면, 그것이 쓸 만하다 또는 쓸모없겠다 등 내면의 평가가 작동하기 전에 얼른 적어놓아야 한다는 건 작가라면 상식에 속한다. 그런데 담뱃갑이나 이면지 같은 종이는 무심코 버리곤 해서 잃어버릴 염려가 많다. '포스트잇에 써서 벽에 붙여놓는다', '손에 닿는 종이에 적어 정해진 상자에 무조건 넣어 두었다가 나중에 정리한다' 등의 방법도 있지만, 별로 권하고 싶지 않다. 역시 수첩이나 노트가 안전한데, 그 중에서도 나는 노트가 낫다고 생각한다. 써본 이들은 느끼겠지만 때로 생각은 쓰는 면적에 따라 이어지기도 하고 끊어지기도 한다. 페이지가 다하면 생각의 흐름도 따라 멈출 때가 많다. 나는 주로 학생용 연습장 노트를 권하는데, 저렴해서 낙서하는 기분으로 마구 쓸 수 있고 더구나 줄이 쳐있지 않아 자유로운 느낌으로 그림도 그린다. 수첩보다는 갖고 다니기 불편하지만 큰 백에 넣어 다니면 된다. 이런 노트가 있다면 약속이 잠시 지체되어 짬이 날 때 내키는 대로 끼적거릴 수 있다. 소설가 오르한 파묵은 모눈종이로 된 수첩을 애용하며 한쪽 면만 쓰고 맞은편은 비워둔다고 한다. 한쪽 면에 쓴 아이디어를 발전시키도록 여백을 두는 것이라고 한다. 내가 본 사람 중 메모에 가장 열성적인 사람은 ㅅ 소설가였다. 같이 평양엘 갔었는데, 손엔 늘 노트가 들려 있었고 끊임없이 뭔가를 적었다. 한 번은 버스에서 그의 옆자리가 비어 다른 사람이 앉도록 비켜달라는데도 알아듣지 못할 정도로 메모하는 데 열중해 있었다.

일단 노트를 마련해서 떠오르는 건 뭐든지 무조건 적는 습관을 들여 보자. 연습장에 끼적거릴 내용은 글이 될 소재를 주의 깊게 관찰한 것이다. 쓰고 싶은 소재를 몇 번이고 검토할 때도 손으로 직접 메모해두는 게 좋다. 말이 되든 안 되든 상관하지 않는다. 후세에 길이 남길 게 아니니 말이다. 말로 표현이 안 되면 실마리가 되도록 그림으로라도 그려본다. 그래야 컴퓨터를 켜고 워드 창을 열었을 때 커서의 깜빡임에 압박을 받지 않게 된다.

연습장을 마련했고 「내가 좋아하는 것들」이란 글을 써보았다면 이제 글쓰기의 워밍업은 끝난 셈이다. 엔진이 데워졌으니 이대로 죽 내달리기만 하면 된다.

글쓰기를 위한 워밍업 전략

1 하나

우선순위의 딜레마 → 글쓰기를 먼저 한다.

2 둘

몸익힘 → '다사, 다작, 다독' 한다.

3 셋

내적저항 → 글쓰기 습관을 만든다.

4 넷

일단 써보기 → 내가 좋아하는 것들을 소개한다.

5 다섯

창작노트 갖추기 → 손으로 생각한다.

워밍업, 평범한 이들을 위한 첫 단추 끼우기

06. 쉽고 빠르게 쓰는 네 가지 팁

Tip 1 | 떠오른 것은 일단 이야기가 끝날 때까지 멈추지 않고 쓴다

습작한 게 있냐고 물어보면 첫 부분은 썼는데 완성을 못하고 내버려둔 게 많이 있다고 대답하는 이들이 있다. 쓰고 싶은 게 생겨서 글감이 떠올라서 쓰기 시작했는데, 잘 쓰려고 긴장하다 보니 첫 부분에서 되풀이해서 고치고 또 고치고 하는 바람에 질려서 포기한 것이다. 전문작가들도 가끔 빠져드는 함정이다.

일단 이야기하고 싶은 것이 생기면 죽 내달려 끝까지 쓰는 게 중요하다. 하고 싶은 이야기가 끝나야 손을 멈춘다. 그렇게 써놓고 보면 한 페이지일 수도 있고, 서너 문단 정도일 수도 있다. 심지어 두어 줄 썼는데 이야기가 끝났을 수도 있다. 그래도 상관없다. 일단 시작한 이야기는 끝을 맺고 손을 멈추도록 한다.

이는 아이디어가 처음 떠올랐을 때 느낀 강력한 에너지를 글 속에 살리기 위함이다. '처음처럼'이란 말도 있듯 처음의 열정과 신선함을 글 속에 살리는 건 중요하다. 그런 에너지가 글을 자신감과 활력이 넘치게 만들어 읽는 이를 매혹시킨다. 심사숙고를 거듭하다 보면 내면에서 검열관들이 이런저런 트집을 잡으며 잔소리하기 마련이다. 그런 비판적인 목소리를 따라가다 보면, 어느새 이야기는 진부해지고 쓰는 이도 점점 의기소침해지면서 의욕을 잃게 된다. 첫머리만 되풀이하며 고쳐 쓰다가 중단해버린 사람이라면 경험해봤을 것이다. 자신의 아이디어, 자신의 발상, 거기에 담긴 처음의 열정을 믿어야 한다.

글을 쓰기 시작했다면 일단은 끝까지 쓴 다음에 손을 멈추도록 한다. 시작했으면 어떤 마음이 올라와도 끝까지 쓴다. 외출하기로 했다면 날씨가 맑아도 나가고 비가 내려도 나가는 것과 마찬가지다. 어휘나 문장이 좀 이상한 것 같아도 상관하지 않는다. 전체 구성이나 균형을 갖고 끙끙대면서 시간을 보내지 않는다. 적절한 분량을 맞추지 못할 것 같아도 머뭇대지 않는다. 하고 싶은 이야기를 그냥 한다는 자세로 쓰기만 한다. 그렇게 해서 이야기를 끝낸 다음에 쓴 것을 초고로 삼아서 다시 쓰면 된다. 주제를 따지고 소재를 다시 선별하고 구성을 달리 해보고 문장을 덧붙이거나 빼는 과정은 초고를 쓴 다음에 하는 것이다.

아이디어가 떠올라 초고를 쓸 때는 내면에서 나오는 잔소리에 귀를 닫아야 한다. 쓴 것을 지우지 않는다. 쓰다가 막히면 앞의 문장을 소리 내어 읽으면서 뒤따라 나오는 문장을 기다려서 잇대어 계속 써나간다. 맞춤법, 구두점, 문법, 글쓰기의 규칙 같은 것에 구애받지 않는다. 머릿속에 든 것은 모조리 다 털어놓는다는 자세가 필요하다.

평소보다 빠르게 쓰겠다고 작정하고서 타이머를 맞춰놓고 쓰는 것도 좋은 방법이다. 앞에 쓴 것을 고치려고 하지 말고 죽 내달려서 이야기를 끝내는 데만 초점을 맞추자. 멋진 표현이 떠오르면 좋지만 횡설수설하는 느낌이 들어도 괜찮다. 나중에 검토하고 연구하고 고치면 되니까, 적절한 단어가 떠오르지 않으면 칸을 비우고 건너뛰어 계속 써나간다. 이야기가 끝나면 비로소 손을 멈춘다.

Tip 2 | 글은 말보다 서너 배 자세하게 해야 뜻이 통한다는 걸 명심한다

사람과 사람 사이에 생각과 마음을 주고받는 수단은 말이다. 그러므로 말은 쉽고 분명하게 하는 게 제일이다. 말을 글자로 옮긴 것이 글이므로, 글 역시 쉽고 분명하게 하는 게 좋으며 말하듯이 쓰는 게 좋다고 한다. 그러나 말과 글의 차이는 크다. 아래 문장에 이어질 적절한 말을 골라보자.

아이가 엄마를 보자 왜 늦게 왔느냐고 물었다. 엄마가 대답했다.

① 그래, 어서 밥 먹자.
② 왜 짜증을 내고 그러니?
③ 이웃집 아줌마하고 잠깐 얘기하다가 늦었다.

세 답변 중에서 어느 것이 적절한지 판단하려면, 왜 늦게 왔느냐는 물음이 나온 상황을 알아야만 한다. 엄마가 와야만 밥을 먹을 수 있는 상황이어서 아이가 배가 고파 얼굴을 찡그리고 있다면 1번이 적절하고, 엄마와 아이가 신경전을 벌이는 상황이라면 2번이, 3번은 순수하게 늦은 것이 궁금한 상황이라면 적당한 대답일 것이다.

만약 서로 얼굴을 마주 보며 왜 늦었느냐고 물었다면 굳이 덧붙여 설명하지 않아도 어느 대답이 다음 말로 이어지는 게 적절한지 누구나 안다. 그러나 글은 그렇지 못하다. 문장 하나로는 뜻을 알기 어렵다. 상황을 설명해주지 않으면 억양, 표정, 태도, 몸짓 등을 볼 수 없으니까 같은 문장을 놓고서도 각각 다른 의미로 받아들일 수 있다.

사람들은 '남도 나 같으려니' 하고 여기는 경향이 있다. 소위 자기중심성이다. 내 머릿속엔 전후사정이 죽 떠오르니까 내가 한마디만 하면 남들 머릿속도 그렇게 떠오를 것이라고 지레짐작 해버린다. 그래서 글을 쓸 때도 별 고민 없이 내가 알아듣는 수준으로 대충 쓴다.

그러면 안 된다. 나에겐 익숙한 사실일지라도 읽는 이에겐 생전 처음 접하는 사실일 수도 있다는 걸 염두에 두자. 나는 한마디만 들어도 전후사정이 죽 떠오르지만, 읽는 이에겐 생소한 장면이다. 그래서 마주 보고 말할 때보다 전화통화를 할 때가 더 자세해야 하고, 글은 그보다 훨씬 더 자세해야 뜻이 통한다. 아무튼 쓰는 이가 친절하고 자세해야 읽는 이가 쉽게 알아듣는다.

말하는 그대로 쓰는 정도로는 내 뜻이 제대로 전해지지 않는다는 사실을 염두에 두자. 글을 압축해서 긴장감을 주거나 스타일 있게 만드는 건 그 다음

일이다. 우선은 내 생각을 제대로 전하기 위해 미주알고주알 상세하게 늘어놓는 자세가 필요하다. 글로 내 뜻을 전하려면 말할 때보다 서너 배는 더 자세해야 한다.

Tip 3 | 핵심 문장을 놓고 보강, 재배치한다

자세한 내용을 빠르게 쓴 다음, 핵심을 한 문장 정도로 요약해본다. 그 다음 내용을 재배치한다. 이때 핵심이 되는 표현을 찾아내면 좋다. 그 표현에 밑줄을 긋고 부각시킬 방법을 연구한다. 관련이 적은 지엽적인 내용이나 표현, 문장들은 지운다. 도움이 될 만한 것, 덧붙일 것들을 찾아서 핵심을 더욱 풍부하게 표현하도록 만든다.

Tip 4 | 초벌 쓴 것의 70퍼센트만 남긴다는 자세로 수정한다

글을 잘 수정하는 첫 번째 원칙, 소리 내서 읽어본다. 그 다음은 분량의 30퍼센트는 줄이겠다는 자세로 삭제한다. 만약 Tip 2에서처럼 상세하게 쓰지 않았다면 분량을 줄였을 때 원고의 양이 충분치 않을 우려가 있다. 수필이라면 통상적인 분량이 원고 10매 내지 15매 정도(A4용지 두 쪽)이고, 단편소설이라면 80매 내외이다. 공모전에 낼 글이 아니라면 분량을 꼭 맞춰야 할 필요가 없기는 하지만, 분량을 대폭 줄인다는 자세가 문장을 탄력 있게 다듬어서 글 전체를 긴장감 있게 만드는 비결이다.

모든 작가들이 이구동성으로 말하는 글을 잘 쓰는 비결, 수정할 때는 덧붙여 쓰는 게 아니라 삭제해야 한다는 것이다. 삭제는 하면 할수록 글이 좋아진다. 삭제의 첫 번째 대상은 반복되는 단어나 중복되는 내용이다. 두 번째는 부사와 형용사, 같은 뜻을 반복하는 어구나 문장이다. 그런 과정을 거친 다음에 수정한 것을 놓고 처음부터 다시 쓰면 된다.

쉽고 빠른 글쓰기 Tip

1. 쓰기 시작하면 이야기가 끝날 때까지 쓴다.

2. 서너 배 자세하게 쓴다.

3. 핵심 표현을 찾고, 그것을 중심으로 보강 재배치한다.

4. 70퍼센트만 남기고 수정, 삭제한다.

제목은 여자들 치마 길이와 같다. 너무 감추면 시선을 끌지 못하고 너무 드러내면 호기심을 죽인다. 보일 듯 말 듯, 미니스커트처럼 감추면서도 유혹적이어야 한다. 따라서 표현하려는 내용의 핵심 이미지가 제목이 되는 게 적당하다.

작가들은 알고 있는 기본 규칙

01. 주제와 소재, 그리고 제목 찾기

내일부터 한파가 몰려온다는 일기예보가 있다. 창고로 간다. 그 안에는 온갖 물건들이 가득 차있다. 창고 안은 어두컴컴하다. 손전등을 켜서 불빛을 비추자 어둠 속에 잠들어있던 물건들이 부스스 깨어난다. 필요한 전기담요며 난로 같은 겨울용품들을 찾아 꺼낸다.

여기서 창고 속이 우리가 살아오면서 경험한 것들이 모인 소굴, 즉 글의 소재가 쌓인 무더기라고 한다면, 그것을 비추어서 쓸 것을 찾는 손전등의 불빛은 주제이다.

우리가 경험한 것들은 없어지는 게 아니라 평소엔 의식의 빛이 닿지 않는 기억 저편 무의식에서 잠자고 있다. 그러다 어떤 의도나 목적을 갖고 찾게 되면 깨어나 살아 있는 기억으로 변하는데, 이때 글을 쓰는 목적이나 의도를 주제라고 할 수 있다.

주제는 잠자고 있는 경험이나 일화들을 끌어내어 소재로 만들며, 거기에 일관성과 해석의 깊이를 덧붙여준다. 주제, 소재, 제목을 비교해서 정리하면 다음과 같다.

> **주제** : 글의 뼈대로서 이야깃거리를 다루는 통일 원리
> **소재** : 추상적인 주제를 구체적인 이야기로 보여주는 재료. 현실감 살리는 글의 몸체
> **제목** : 표현하려는 핵심 이미지

주제는 글의 핵심이다. 주제를 모른다면 작가는 어디서부터 어떻게 손을 대야할지 모른다. 그러나 너무 어렵게 여길 건 없다. 주제는 찾아 얻는다기보다 이미 갖고 있는 것이라고 할 수 있기 때문이다. 심지어 글을 쓰려고 마음을 정했다면 이미 주제가 작가의 머릿속에 있는 것이므로, 주제를 모른다는 건 단지 그걸 의식하지 못하고 있는 것뿐이라고 할 수 있다. 어떤 글을 쓰겠다는 의도나 생각이 바로 주제이기 때문이다. 따라서 어떤 주제를 선정하는, 발굴해내는 능력이야말로 작가의 기초 재능이라고 하겠다.

이런 주장을 실생활에 구체적으로 적용해본다면, 주변에서 일어나는 일들

을 '왜 그럴까?'라는 의문을 품고 관찰할 때 어떤 이야기는 유독 다른 사람들에게 전하고 싶은 마음이 일어나는데, 그럴 때 바로 글의 주제를 발견했다고 하겠다. 보다 넓은 관점으로 정의해서 작가 나름의 인생에 대한 해석(인생관), 세상에 대한 해석(세계관)을 주제라고 하니, 좀 막연할지라도 이 역시 주제에 대한 일리있는 설명이다.

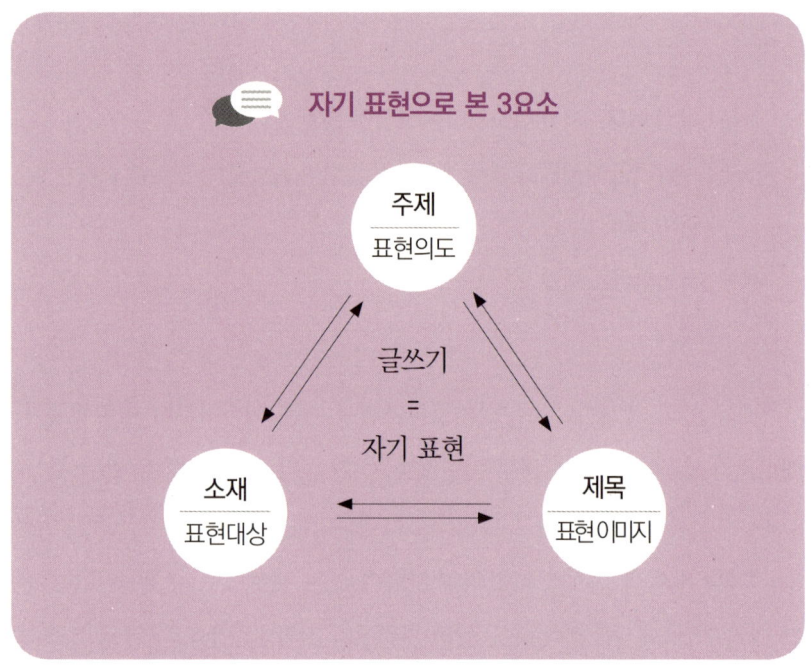

01 | 주제 발견하기

자기 생각이 없는 사람은 없는데도, 실제로 글을 쓰려고 할 때면 막연해져서 갈팡질팡하는 경우가 꽤 많다. 그 막연할 때를 두 가지 경우로 나눠 생각해보자. 할 말은 있는데 어쩐지 막연해서 어떻게 써야 할지 모르거나(A), 이런저런 일화나 경험들은 많이 갖고 있지만(만약 당신이 서른 살이라면, 1년 365일을 곱하면 10,950일이니까 그동안 경험한 것이 얼마나 많겠는가) 그걸 어떻게 글로 꿰어야 할지 모르거나(B)이다.

A. 할 말은 있지만 막연할 때

예를 들어 등산을 좋아해서 그에 대해 쓰려 한다고 가정하자. 책상 앞에 앉아 '등산에 관하여'라고 쓰고 나면 너무 범위가 넓어서 무엇부터 어떻게 시작해야 할지 막막할 것이다. 이럴 땐 주제를 좁히는 작업부터 해야 한다. 연습장을 펴놓고 등산을 하면 왜 좋은지 죽 늘어놓아 본다.

기분전환, 자신감 증대, 건강증진, 친목도모….

이중 내가 가장 말하고 싶은 것을 고른다. 등산으로 친구들과 더욱 가까워지게 됐다? 또는 힘겨운 등반을 해냈더니 자신감이 붙었다? 등산을 하고 나니 건강이 좋아졌다? 등등. 하나씩 검토해서 범위를 좁히며 내 의견을 요약해보는 것이다.

이때 머리로 생각하지 말고 한 문장으로 요약될 때까지 자꾸 글로 써봐야 한다. 그러다 한 문장으로 간단히 요약되면 그걸 뒷받침할 나의 경험이나 일화를 찾아내어 이야기로 풀어서 쓰면 된다.

B. 일화나 경험은 많지만 어떻게 꿰어야 할지 막연할 때

기억에 남은 이런저런 경험이 있어서 그것을 글로 쓰려는 경우이다. 먼저 그 경험에 대한 내 해석, 내 견해를 명확히 해야 한다. 생각이 막연하면 할수록 말은 횡설수설 늘어지고 이야기는 오락가락하게 된다. 예를 들어 엊그제 친구와 함께 태백산 등반을 다녀왔고, 그것을 글로 쓰고 싶다면 그 사건에서 느낀 어떤 점을 남들에게 전하고 싶은지를 명확히 해야 한다.

① 등산을 하고 왔더니 컨디션이 좋아졌다? 힘들게 정상을 오르는 동안 자기를 극복한 느낌이 들어서 가슴이 뿌듯했다?
② 등반 도중 힘든 순간에 친구가 도와줬다. 우정의 진정한 가치를 느꼈다?
③ 눈 덮인 태백산의 아름다움을 전하고 싶다?

이중 ①번 컨디션이 좋아졌다는 사실을 전하고 싶다면, 글에 담길 내용을 머릿속에서 장면으로 그려본다. 등산을 하기 전에는 나빴던 컨디션과 등산을 하고서 좋아진 컨디션을 부각해야 할 것이다. 그런 다음 등산할 때 겪었던 소소한 일들은 부수적인 것으로 간주하여 간략하게 혹은 가볍게 터치하듯 쓰면 된다.

②번 등산을 하면서 깊어지는 우정에 초점을 맞춘다면, 등반 도중 친구가 도와준 순간을 글의 핵심 에피소드로 삼아 세세하게 묘사하는 게 중심이 된다. 그리고 '등산 전후 친구관계가 어떻게 달라졌는가' 하는 미세한 차이도 일화로서 그림 그리듯 쓰면 된다.

③번 눈 덮인 겨울산의 아름다움을 전하고 싶다면, 풍경묘사를 순서대로

차곡차곡 쌓아가는 게 묘사문의 핵심이 될 것이다. 그러나 그것으로 끝나버리면 진부해서 읽는 이를 매혹하기 힘들다. 겨울산의 아름다움을 전하는 영화나 소설, 논픽션은 이미 많이 나와 있다. 그것들과 내 글의 차별성을 만드는 게 읽고 싶은 글을 쓰는 관건이 된다. 그러니 평범한 수준으로 묘사하는 정도로 만족하면 안 된다. 묘사에 나만의 관찰, 나만의 깨달음이 들어가야 한다. 상식 수준을 뛰어넘는 독특한 개성이 살도록 써야 한다.

이렇게 주제와 소재를 맞추었다면, 어떤 경우든 다 등산과 인생의 연결고리(유사성)라고 할 만한 걸 발견해내어 한 줄 정도의 진술문장을 만들어 넣으면 감동이 있는 글이 될 것이다.

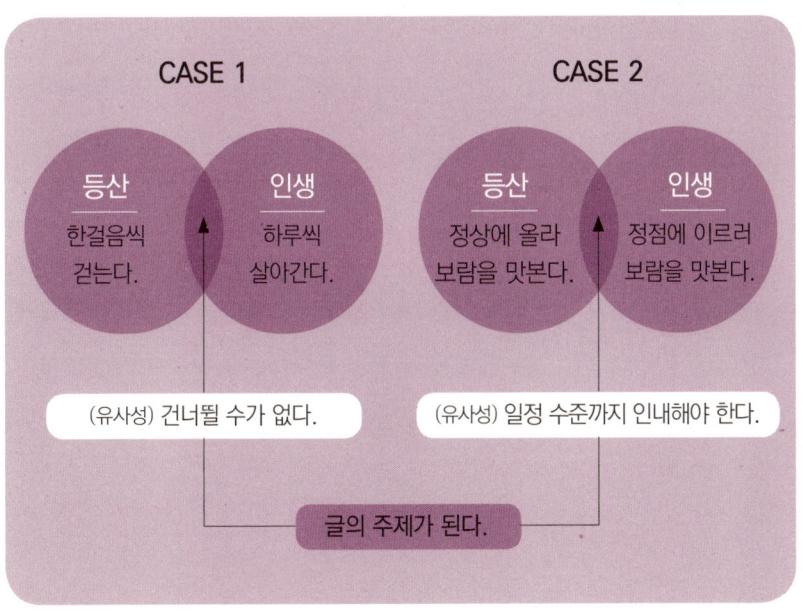

주제가 앞서든 글감이 앞서든 그게 큰 문제는 아니다. 어느 쪽이든 상관없다. 쓰는 동안 주제가 무엇인지 작가가 명확하게 의식하고 있어야 한다는 게 핵심이다. 그래야 횡설수설하지 않고 일관성이 생겨, 읽는 이의 마음을 움직이는 글이 된다.

주제가 명확해야 글에서 핵심적으로 이야기할 부분이 무엇인지, 또 일화나 세부사항을 어떤 관점으로 해석하면서 이야기해야 하는지가 분명해진다. 또 소재를 어디서 찾고 어떻게 얻을지 쉽게 알 수 있으며, 그렇게 모은 소재들을 어떻게 연결하고 어떤 순서로 늘어놓아야 하는지 판단하는 기준도 생긴다.

주제를 명확히 하려면 무엇을 쓰려는지 한 문장으로 요약해서 써보는 게 제일이다. 머릿속으로만 생각하지 말고 연습장에 몇 번이고 거듭 써본다. 쓸 내용을 제대로 설명하려고 여러 줄, 여러 문장으로 중언부언 쓰고 있다면 아직 주제가 명확해지지 않은 것이다. 여러 문장이 한 문장으로 요약될 때까지 거듭 말을 줄여야 한다.

02 | 주제 선정 기준

신문, 잡지, 사보나 동창회보 같은 데서 수필을 써달라는 식으로, 내용을 정하지 않은 청탁을 받은 경우처럼 뭔가 글을 써야하는데 무엇을 써야할지 막연하다면, 아래 다섯 가지를 기준으로 주제를 선정하면 좋다.

① 요즘 내 관심이 쏠려 있는 것, 많이 생각하는 것
② 내가 가장 많이, 혹은 잘 알고 있는 것

③ 글로 써야겠다고 가치와 의의를 느끼는 것
④ 보통 사람들의 흥미와 관심이 높은 것
⑤ 나만이 알고 있는 색다른 경험이나 사건

03 | 글감 무더기에서 주제 찾기

이런저런 글감은 많지만 주제가 막연하다면 다음과 같은 세세한 과정을 거쳐서 주제를 정하면 좋다.

1단계 : 소재들을 늘어놓고 전체를 조감해본다. 포스트잇이나 카드에 소재의 키워드를 적어서 모두 다 늘어놓고 음미해본다.
2단계 : 소재들을 하나씩 분석해서 거기에 어떤 의미가 있을지 연구한다.
3단계 : 소재끼리 비슷한 점이나 색다른 점, 일치되는 점, 의문스러운 점을 찾아서 표시한다.
4단계 : 소재들의 공통점을 찾아 같은 그룹으로 모은다.
5단계 : 나눈 그룹들을 늘어놓고 전체를 하나로 꿸 핵심표현을 찾는다.
6단계 : 핵심표현을 중심으로 자연스럽게 전개되도록 순서를 정한다.
7단계 : 더 보강할 것은 없는지 검토한다.
8단계 : 소재들을 정한 순서에 따라 쓴다.

이런 과정을 통해 주제가 제대로 표현되도록 만든 다음, 그에 따라 소재들을 균형 있게 배치하고 서로 관련짓고 재해석하면서 쓰면 좋다.

04 | 집필 목적

주제가 잡혔다면 이제 글을 쓰는 목적을 구체적으로 생각해보는 단계를 통해 읽는 이의 마음에 더욱 다가가도록 해볼 수 있다. 같은 주제, 같은 내용일지라도 목적이 다르면 글의 형식이 달라지기 때문이다. 글을 쓰는 목적은 대략 네 가지 정도로 나눌 수 있다.

(1) 정보를 전달하거나 어떤 일을 설명해서 이해시킨다

정보전달이 글 쓰는 목적의 맨 앞에 있다면 사실들을 죽 늘어놓아야 하는데, 읽는 이가 받아들이기 쉽게 차근차근 순서에 따라 늘어놓는 게 포인트다. 질서 있게 쓰려면 쓰는 동안 얼마나 차분한 자세를(뒷페이지 첫째 줄까지) 유지하는가가 중요하다.

(2)설득해서 읽는 이의 의견에 영향을 준다

설득하는 게 목적이라면 내 주장을 뒷받침할 논거들을 잘 엮어야 한다. 주장을 뒷받침하는 논거들이 상식적인 수준에서 개연성 있게 펼쳐져야 한다. 글이 개연성이 있다는 건 글을 쓴 작가가 믿을만한 사람이라는 느낌을 준다는 뜻이다. 그러므로 작가는 읽는 이와 같은 입장, 같은 처지, 같은 눈높이를 갖고 있다고 느끼도록 하는 게 중요하다.

(3)읽는 이를 즐겁게 한다

즐겁게 하려는 목적이라면 글의 흐름이 빠르고 문장에 힘이 넘쳐야 한다. 따라서 문단이라면 서사문을, 문장이라면 서사문장을, 서술어는 주로 동사를 쓰면 좋다. 슬픔을 느꼈다고 쓰지 말고 '슬펐다', 희망을 품었다고 하지 말고 '희망했다' 또는 '바랐다', 아름답다는 느낌이 들었다고 하지 말고 '아름다웠다'는 식으로 움직임을 나타내는 동사나 직접적인 형용사, 서술어를 쓰면 이야기가 술술 진행되면서 힘이 넘쳐 읽는 이가 빨려들게 된다.

(4)읽는 이를 감동시킨다

감동시키는 게 목적이라면 이야기를 정지시킨 다음 그림이 그려지도록 묘사해서 읽는 이가 빠져들게 해야 한다. 그러려면 오감으로 느끼는 묘사문, 묘사문장을 많이 쓰고, 서술어는 상태를 나타내는 '~처럼 보인다' 혹은 '~이다'를 많이 쓰면 좋은데, 얼마나 생생하게 이미지화하느냐가 성패를 가른다.

05 | 독자 예상하기

글 쓰는 목적에 더하여 읽는 이를 머릿속에 이미지로 그려볼 수 있다면 글을 더욱 잘 쓸 수 있다. 내 글을 구체적으로 어떤 사람이 읽는다고 상상하며 글을 써보자는 것이다.

미국의 베스트셀러 작가 스티븐 킹은 아내 테레사 킹이 자기 글을 읽는다고 상상하면서 글을 쓴다고 한다. 그녀가 읽는다고 상상하다 보면 자신이 쓰려는 단어나 내용을 그녀가 즉각 알아들을지, 머릿속에서 장면으로 쉽게 그려질지 등을 고민하며 표현수위를 조절하면서 쓰게 되는데, 그러다 보니 더 자세하고 친절하게 이야기하게 되더라는 것이다.

스티븐 킹처럼 내 글을 읽는 특정한 한 사람을 구체적으로 머릿속에 떠올리고 글을 쓴다면 글은 더욱 명료해지고 유연해져서 설득력이 높아질 것이다. 막연하게 '30대 여성' 하는 식 말고, 내가 아는 특정한 어떤 사람, 아무개가 내 글을 읽는다고 상상하면서 쓰라는 뜻이다. 나아가 초고를 쓴 다음 남편, 엄마, 언니나 동생에게 소리 내어 읽어주며 글을 다듬으면 더욱 좋을 것이다.

또 글을 어디에 발표하느냐에 따라 누가 읽을지 짐작할 수 있으니, 그런 독자들은 어떤 일에 흥미를 느낄까, 무엇이 궁금할까, 같은 사건이라도 관심이 주로 어디로 쏠릴까 등을 궁리해보는 것도 필요하다. 아무리 사회 전체가 뜨겁게 논란 중인 화제라도 성별, 계층, 집단에 따라 관심을 두는 포인트는 다르다. 그러니 독자를 예상할 수 있다면, 같은 내용을 다루더라도 관점을 달리하거나 형식을 새롭게 궁리하거나 단어와 표현, 전문용어의 사용 등의 문제에서 독자의 눈높이를 고려하면서 글을 쓸 수 있다.

　여기까지 궁리한 내용들을 정리하면 다음과 같다. 본격적으로 집필에 들어가기 전, 연습장에 다음 세 가지 요소가 문장으로 쓰여 있다면 일관성 있고 명확하게, 넘치는 에너지로 읽는 이를 사로잡는 글을 쓸 준비가 되었다고 할 수 있다.

---

(1) 주　제 : 이 글을 통해 내가 전하고자 하는 것은 무엇인가?
　　　　　　이에 대한 답을 한 문장으로 요약해서 써본다.
(2) 목　적 : 무엇을 위해 쓰는가?
　　　　　　꼭 한 가지는 아니겠지만 가장 큰 목적에 비중을 두고 한 문장이 되도록 써본다.
(3) 읽는 이 : 이 글을 읽을 사람은 누구인가?
　　　　　　읽는 사람의 입장, 취향, 요구 등을 구체적으로 상상해서 써본다.

---

06 | 소재 찾기

　무규칙성, 형식 없이 마음 가는 대로 쓰는 것, 내키는 대로 내 이야기를 늘어놓는 것이 수필이라고는 하지만 문학으로서 품격도 갖춘, 그래서 다시 읽고 싶어지는, 다시 읽어도 따분하지 않은 글을 쓰겠다면 소재 선택에 엄정해야 한다. 이야기라고 뭐든지 다 문학적인 소재가 되지 않는다.

　이야기에는 잡담 또는 가십(gossip)이라고 불리는 사담(私談)이 있고, 문학적인 이야기인 서사(敍事, narrative)가 있다. 사담은 말하는 사람 개인에게는 중요할지 몰라도 대부분의 사람들이 알고 싶어 하는 내용은 아니다. 그에 비해 문학적 서사는 누구나 알고 싶어 하고 궁금해 하는, 인간과 세계에 대한 물음과 성찰이 들어 있는 보편적인 이야기다. 물론 그 물음에 대한 답이 글 속에 들어 있을 수도 있고 없을 수도 있다. 어쨌든 글로서 언어로서 표현되기 까지 독자는 그저 막연하게 느낌으로만 품고 있다가, 글을 읽고 나서야 비로소 무릎을 치게 되는 그런 물음이 들어 있다. 감동을 주는 글에는 독자로 하여금 인생을 다시 생각해보고 성찰하게 만드는 요소가 있다. 그래서 문학을 예술이라고 부르는 것이다.

　서양문학 이론의 아버지라 불리는 아리스토텔레스는 『시학』으로 사람들 마음에 공포와 연민을 불러일으키는, 카타르시스(예술의 효용)적인 이야기 소재로서 열두 가지를 제시했다.

① 죽음
② 상해나 학대
③ 질병과 노년
④ 배고픔
⑤ 고독
⑥ 강함과 나약함
⑦ 용모문제
⑧ 실망

⑨ 불구
⑩ 좋은 일이 지체되는 것
⑪ 좋은 일이 전혀 일어나지 않는 것
⑫ 좋은 일이 있어났지만 누릴 수 없는 것(아이러니)

사람의 마음을 움직이는 글, 공감을 불러일으키는 문학으로서 수필의 소재는 일단은 인간에 대한 이야기여야 한다. 나아가 인간에 대한 탐구여야 하고, 인간의 조건에 대해 질문을 던지는 것이어야 한다.

예를 들어 석굴암에 대한 글을 쓴다면 그저 석굴암에 대해 이런저런 잡담이나 정보를 늘어놓은 건 문학이 아니다. 아리스토텔레스가 제시한 위의 열두 가지에 해당되는 내용이 담겨야 문학으로 인정된다. 예를 들어 석굴암을 방문하면서 느낀 감상, 그곳에서 새롭게 생각해보게 된 세상사에 대한 성찰, 혹은 석굴암을 찾아가면서 느끼게 된 어떤 인간적인 면의 발견이나 인생에 대한 새로운 견해 등…. 어떤 이야기가 문학적인지 아닌지를 가르는 기준은 하나뿐이다. 그 속에 인간과 이 세계에 대한 질문이 들어 있는가? 글속에서 그 답을 찾으려고 애쓰고 있는가? 보통은 의식하지 못하지만, 그럴 때만 우리는 그 글을 두 번 읽어도 따분하지 않다. 그렇지 않다면 다시 읽고 싶지 않을 것이다. 그래서 나는 책이나 영화를 평가할 때면 먼저 다시 한 번 읽거나 볼 용의가 있는지 자신에게 물어보곤 한다.

다음은 둘 다 석굴암에 대한 글이지만 첫 번째 것은 석굴암을 안내하는 설명문, 두 번째 것은 석굴암 기행문이다. 두 글을 잇달아 읽어보면 같은 내용이라도 문학적 소재가 되었을 땐 어떻게 달라지는지 감이 올 것이다.

경주 석굴암 석굴(慶州 石窟庵 石窟)은 대한민국 경상북도 경주시의 토함산 중턱(진현동 891)에 있는 석굴(石窟)로서 국보 24호로 지정되어 있다. 신라 경덕왕 10년(751년), 당시 51세였던 김대성이 만들기 시작했고 20여년 후 완성되었다. 신라의 건축과 조형미술이 반영되어 있다. 석굴암의 원래 이름은 '석불사(石佛寺)'였으나, '석굴', '조가절' 등의 이름을 거쳐 일제강점기 이후로 석굴암으로 불리고 있다.

우리는 불국사에서 긴긴 여름날이 어서 지기를 기다렸다. 더웁기도 하려니와 처음 뵈입는 석불을 낮에도 밤에도 말고 여명 속에 떠오르심을 뵈이려 함이었다. 밤길 토함산을 올라 석굴암에 닿았을 때는 자정이 가까웠다. 암자에서 석굴은 지척이지만 우리는 굳이 궁금한 채 목침을 베었다. 산의 고요함은 엄숙한 경지였고 잠이 깊이 들지 못함은 소리 없는 여명을 놓칠까 함이었다. 우리들은 보송보송한 채 중보다도 먼저 일어나 하늘이 트기를 기다렸다. 하늘이 튼다는 것은 끔찍한 일이었다. 사람으로는 모래알만큼 작아서 기다리고나 있어야 할 거대한 탄생이었다. 몇 만 리 긴 성에 화광이 뜨듯 동해 언저리가 벙싯이 금이 도는 듯하더니 은하색 광채가 번져 오르기 시작하는 것이다.

〈이태준, 여명〉

요즘 문학은 인기가 없다. 비단 문학뿐 아니라 인문학 전반이 다 그렇다. 돈벌이가 주된 관심사인 이 사회에서는 쓸모없다며 대학에서는 퇴출론까지

나온 형편이다.

내가 대학 1학년생이었던 70년대에도 인문학의 대표라는 문·사·철(文·史·哲)은 인기가 없긴 했었다. 그 시절엔 학부로 입학하여 2학년으로 올라갈 때 과를 선택하는 게 관례여서 1학년 겨울엔 각 과 설명회가 열렸었다. 각 과 교수들이 나와 과자랑을 했다. 영문학과나 다른 학과는 취업이 잘된다고 했다. 철학과 교수가 나오더니 분연히 말했다.

"철학은 물론 빵을 얻게 해주는 학문은 아닙니다. 하지만 역사상 철학하다가 굶어죽었다는 사람은 없습니다. 그러니 제군은 안심하고 철학과로 오세요."

문학이나 인문학은 공부해봤자 거기서 밥이나 옷이 나오지는 않는다. 직접적으로 돈 버는 수단을 가르쳐주지 않는 것이다. 그럼에도 인문학이 우리네 인생에서 경영학이나 회계학 같은 도구적 실용학문보다 더 긴요한 까닭은 자신이 누군지, 어떤 세상에서 살고 있는지를 알게 해주기 때문이다.

모르는 사회에 들어가게 되거나 낯선 환경에 처하면 인간은 엄청난 스트레스를 받는다. 본능적으로 그렇다. 내가 좋아하는 SF 소설 『은하수를 히치하이킹 하는 여행자를 위한 안내서』에는 켄타우르스별 외계인이 나오는데, 그는 고향별과 거리가 멀어질수록 어지럼증이 점점 심해져 갖가지 문제가 생긴다. 그처럼 인간은 집을 떠나면서 슬슬 마음이 불편해지기 시작해(때문에 여행가면 화장실에서 마음대로 볼 일을 보지 못하는 사람이 의외로 많다.) 익숙한 곳과의 거리가 멀어질수록 본능적으로 불안감이 커진다. 낯선 환경이나 돌아가는 원리를 모르겠는 공간은 두렵고 심하면 공포의 대상이 되기도 한다(거기 아무도 없어요? 하고 외치는 무인도의 표류자). 또 타인은 나의 거울이기도 하다. 그래서 주변 사람들을 모를 때는 자기도 모르겠다는 느낌이 든다.

　자신이 살고 있는 환경, 그 속에서 나와 더불어 살고 있는 인간을 알게 해주는 게 바로 인문학이고, 간접적으로나마 체험하고 깨닫게 해주는 방편이 문학이다(특별히 따로 배우지 않아도 자신을 둘러싼 환경이나 자기가 이용하는 일상 도구의 작동 원리를 알 수 있었던 건 괴테가 살았던 18세기까지였다고 한다. 그렇기 때문에 그 시절까지는 괴테나 다빈치 같은 전인(全人)적 천재의 출현이 가능했던 것이리라). 따라서 문학적인 글은 인문학이 인생에 기여하는 것처럼 인간과 세상의 여러 측면을 드러내고 질문하고 알게 하는데, 소재도 그런 관점에서 선별해야 한다.

　문학의 장르 중 같은 산문형식인 소설과 비교해본다면, 소설이 소재를 허구로 다듬고 재조립해서 이야기하는 반면, 수필은 자신이 경험한 사실을 있는 그대로 이야기한다는 차이가 있다. 또 수필은 인간에 대한 성찰이나 자신의 견해를 가감 없이 드러내 말하고 결론짓기도 하는데 반해, 소설은 직접적인 발언은 가급적 절제하거나 꺼려서 결론은 독자의 판단에 맡기고 있다고 느끼게 만드는 수가 많다.

　결론짓자면 나의 경험 가운데 하나를 골라 아리스토텔레스가 요약한 질문의 형식으로 가공하여 소재로 삼되, 자신이 말하려는 주제가 부각되도록 소재를 부풀리고 과장해서 글을 쓰면 된다. 아무래도 감동은 조금 과장했을 때 일어나기 쉽기 때문이다. 그래서 작가들은 사건의 세부나 흐름을 부풀리고 때로는 왜곡하기도 한다(흔히 소설 쓰고 있네, 하는 비아냥에는 일말의 진실이 들어 있다). 그림 그리기로 보자면 일종의 덧칠에 비유할 수 있다.

　물론, 소재를 과장하고 왜곡할 때는 나름 정합성(整合性)을 지켜야 한다. 정합성이란 쉽게 말해 어떤 상황을 설정했다면 그런 조건에서라면 그럴 수밖에 없겠다고 독자가 수긍할 수 있는 이야기를 한다는 뜻이다. 예를 들어 다운증후군 소년이 주인공이라면, 정상적인 지능을 가진 소년처럼 행동하거나 생각한다고 이야기를 설계하면 안 된다는 게 정합성이다.

다음은 소재를 풍부하게 만들거나, 구체적인 이미지로 발전시키고 싶을 때 이용하면 좋을 브레인스토밍의 방법들이다.

이미지로 소재를 풍부하게 만드는 맵핑

내가 갖고 있을 아이디어를 최대한 끌어내고 싶을 때 쓰면 좋다. 우리말로 '지도 그리기'라고 바꿔 말할 수 있는데, 여기서 지도를 그린다는 건 키워드들을 따라 화살표를 그리며 얼개를 짜는 게 '약도 그리기'와 비슷해서 붙은 이름이다. 기억을 자극하여 숨어 있는 소재를 끌어내려는 게 핵심이다.

맵핑 순서

① 종이 한 장을 펴놓고 가운데에 주제어나 핵심표현을 쓴다.
② 5분 정도로 시간을 정하고 주제어를 음미한다.
③ 정한 시간 안에 떠오르는 건 아무 말이나 종이에 흩뿌리듯 자유롭게 쓴다.
④ 써놓은 걸 곰곰이 들여다보면서 어떤 내용으로 어떻게 글을 쓸지 궁리한 후, 쓰고 싶은 아이템들을 차례로 화살표로 연결한다. 즉, 이미지 지도를 만든다.
⑤ 지도를 놓고 그에 따라 글을 쓴다.

 **맵핑하기**

1단계. 한가운데에 주제나 키워드를 쓴다.

2단계. 정해진 시간 동안 떠오르는 생각을 쓴다.

 — 빠르게.
최대한 많이.

3단계. 시간이 끝나면 키워드를 중심으로 천천히 글의 얼개를 구상한다.

4단계. 구상에 따라 연결지어 지도를 만든다.

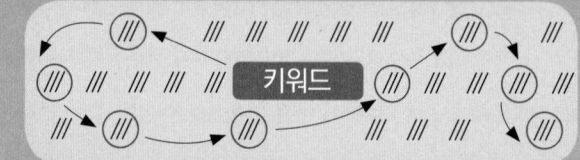

5단계. 맵에 따라 집필한다.

이때 주의할 건 떠오른 단어를 내 마음속 검열관이 '맞다, 아니다'하고 잔소리하지 않도록 빠르게 써야 한다는 것이다. 생각할 틈을 주지 않고, 떠오르는 대로 손을 쉬지 않고 움직인다. 자유롭게 아무렇게나 쓰기 위해 줄을 맞추거나 칸을 메우지 않는다. 마구 흩뿌린다는 기분으로 단어를 써서 종이를 채워 나간다.

정한 시간이 되면 단어 쓰기를 멈추고, 천천히 궁리하면서 쓸 만한 단어를 동그라미 치고 순서대로 화살표 표시를 해나간다. 예를 들면 '고독'이라는 키워드에서 화살표를 시작하여 '골목 → 가로등 → 불빛 → 바람 → 낙엽 → 쓸리다…'와 같은 식이다. 이런 이미지들을 이런 순서로 나열하면 쓰려고 하는 글의 설계도가 되는 셈이다.

소재를 독특한 관점으로 다루고 싶을 때, 큐빙

정육면체에 여섯 개의 면이 있는 것처럼, 글 쓸 대상을 여섯 가지 방법으로 관찰하고 질문하는 방법이다. 특히 글의 핵심 이미지나 소재를 개성 있고 독특한 관점으로 다루고 싶을 때 쓰면 좋다.

글에 쓰려는 아이템이나 키워드, 핵심 이미지를 맨 위에 제목처럼 쓰고 여섯 가지 질문을 하나씩 5분 정도 곰곰이 생각해본 다음 답을 쓴다. 이때 지나치다 싶을 정도로 일상, 상식을 뛰어넘는 독특한 답을 만들어본다.

① 서술 : 오감으로 지각되는 내용을 자세히 기술한다. (어떻게 느껴지고 어떻게 보이는가?)

② 분석 : 구성은 어떻게 되어 있는지 주의 깊게 살핀다. (어떻게 구성되어 있는가?)

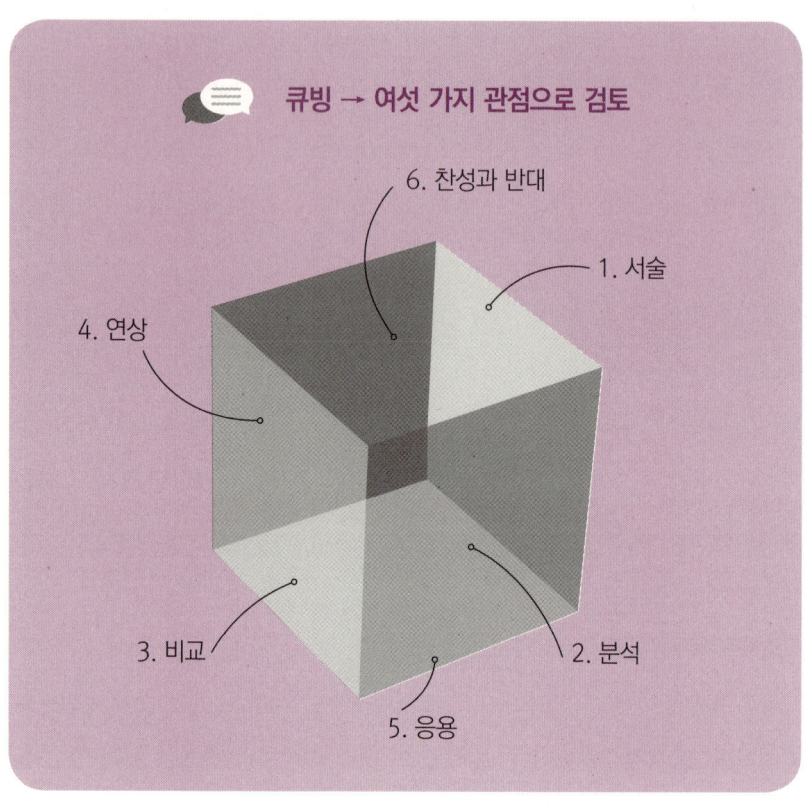

③ 비교 : 주변에서 흔히 볼 수 있는 일상적인 것들 중 무엇과 비교하면 좋을까? 비교되는 사물과의 유사점, 차이점을 찾는다. (주변의 무엇과 닮았는가? 혹은 다른가?)

④ 연상 : 언뜻 떠오르는 이미지를 아무 구애 없이 연결한다. (무엇이 연상되는가?)

⑤ 응용 : 어떻게 이용할 수 있을지 제한 없이 상상한다. (어디에, 어떻게 쓸 수 있는가?)

⑥ 찬성과 반대 혹은 장점과 단점 : 모든 사물은 두 가지 면을 갖고 있게 마련이다. 조건이나 입장에 따라 얼마든지 좋기도 하고 나쁘기도 하다. 그러므로 두 입장에서 각각 살펴보자. (긍정적으로 보면 무엇이 좋은가? 찬성한다면 무엇 때문인가? 또 부정적으로 보면 무엇이 나쁘다고 하겠는가? 왜 반대하고 싶은가?)

예시

관찰 대상 : 옥수수

① 서술 : 색은 누렇다. 손목과 팔꿈치 사이만큼의 크기이다. 손으로 건드리면 툭툭 소리가 나고 세우면 탑 모양이 된다. 입술로 건드려보니 단단한데, 저절로 침이 고이는 맛있는 향이 난다.

② 분석 : 원기둥 형태의 중심에 심지가 들어 있고, 그 심지에 알갱이가 촘촘하게 붙어 있다. 줄기와 연결되었던 부분에는 잎이 조금 붙어 있으며, 반대쪽으로는 수염이 붙었던 흔적이 있다.

③ 비교 : 옥수수 알을 하나씩 뜯어보면 부채와 똑같은 모양을 하고 있다. 그러나 옥수수 알은 손잡이가 없고 크기가 매우 작다. 옥수수는 나를 배부르고 따뜻하게 해주고 부채는 나를 시원하게 해준다.

④ 연상 : 등굣길이 연상된다. 배는 고프고 현금이 없다. 전철역에서 파는 옥수수를 침을 흘리며 바라본다. 옥수수의 반대편에 있는 음식은 팥빙수일 것이다.

⑤ 응용 : 다 먹은 다음 심지를 말려서 막대기에 꽂아 효자손으로 쓰면 어떨까.

⑥ 장점 : 화날 때 마구 먹으면 톡톡 터지는 식감이 좋다.

단점 : 유전자 조작 옥수수가 많다니 먹기 겁난다.

07 | 제목 짓기

제목이 언제 떠올라 붙이느냐고 물어보면 작가마다 대답은 천차만별이다. 대충 나눈다면 '제목이 정해진 다음이라야 글을 쓰기 시작한다', '쓰다 보면 이거다 싶은 제목이 떠오른다', '다 쓰고 마무리할 무렵에 비로소 제목이 정해진다'의 세 가지이다.

내 경우는 글을 구상할 무렵이나 첫머리를 쓸 때 제목이 떠오르는 게 보통인데, 어떤 때는 글을 다 쓴 뒤까지도 제목이 떠오르지 않는 일도 있다. 그럴 땐 글이 제대로 써지지 못했다고 느껴져 처음부터 다시 쓰게 된다. 나로선 제목이 떠오르지 않는다는 건 글의 핵심을 장악하지 못했다는 증거로 여겨지기 때문이다.

글을 상품에 견준다면 제목은 광고카피에 해당된다. 흔히 주제와 제목을 혼동해서 말하고 싶은 핵심 내용을 그대로 제목으로 붙이는데, 그러면 제목만 봐도 내용을 짐작할 있기 때문에 글을 읽는 데 흥미를 불러일으키지 못한다. 또 '우정에 대해서', '사랑에 대해서' 등 추상적인 개념어를 이용하여 날것 그대로 의도가 드러나는 제목을 쓰는 것도 가급적 피하는 게 좋다. 보통 이런 제목을 두고 발가벗었다고 한다.

반대로 너무 꽁꽁 싸매고 있는 제목도 있다. 독자들을 궁금하게 만들겠다며 신비롭게 쓴답시고 내용과는 동떨어진 막연한 제목을 붙일 때가 있는데, 독자들은 읽고 난 뒤 사기당한 기분이 든다. '맛있는 비스킷이라고 쓰여 있어서 사먹었더니 새우깡이었다'는 식인 것이다. 읽는 이들은 마음의 문을 닫아 버리고 공감하지 않게 된다.

요즘 영화의 예고편은 짧은 것보다 긴 게 관객을 끌어 모으는 데 효과가 있다고 한다. 글도 어느 정도는 내용을 짐작할 수 있는 제목이, 내용을 전혀 짐작할 수 없는 제목보다 낫다. 호기심을 유발하면서 다 읽은 후 제목이 핵심을 찌른다고 느끼게 할 수 있다면 최상이다.

제목은 여자들 치마 길이와 같다. 너무 감추면 시선을 끌지 못하고 너무 드러내면 호기심을 죽인다. 보일 듯 말 듯, 미니스커트처럼 감추면서도 유혹적이어야 한다. 따라서 표현하려는 내용의 핵심 이미지가 제목이 되는 게 적당하다.

단어가 아닌 문장으로 제목을 붙일 때는 일단 소리 내어 발음해본다. 입안에서 말이 거치적거리지 않고 굴러가야 한다. 자연스럽고 매끄럽게 말해지는 한 문장으로 만들어 붙이도록 한다.

광고카피 한 줄을 위해 카피라이터들은 만 개 정도의 카피를 만들고 그 중 하나를 골라서 쓴다고 한다. 글 쓸 때도 그런 정성으로 제목 짓는 연습을 한다면, 언어적 감수성이나 이미지 장악력이 증대되는 효과도 있을 것이다.

제목 만들 때 유의할 점

① 내용을 적절하게 정리한 말이어야 한다.

② 제목에서 글의 목적이나 관점이 명확하면 글 내용이 쉽게 받아들여진다.

③ 유행하는 말이나 표현, 키워드를 넣으면 좋다.

④ 사람들의 관심이나 흥미를 끄는 요소가 들어 있으면 좋다.

⑤ 반드시 긍정문으로 한다.

⑥ 어감이 좋고 기억하기 쉬운 단어를 고른다.

⑦ 길어도 한 문장 정도로 한다. 이때는 리듬감을 살려야 한다.

02. 구성과 아우트라인으로 글의 짜임새 갖추기

01 | 구성

 수필은 붓 가는 대로 쓰는 글이라는 정의를 떠올린다면, 수필을 쓸 때 구성을 따로 연구할 필요가 없을지도 모른다. 그러나 아무리 주제가 좋고 소재가 진기해도, 글의 짜임새가 허술하면 읽는 이가 계속 관심을 갖도록 긴장을 유지하기가 어렵다. 잘 짜인 구성은 때로 평범한 이야기도 흥미진진하게 만들어 독자를 사로잡곤 한다. 추리소설이나 스릴러물을 떠올려보자. 마지막 장을 덮고 나면 별 이야기가 아니었다 싶은데도 읽는 동안 내내 눈을 떼지 못했다. 바로 구성의 힘이다.
 소설, 영화 같은 픽션이나 논픽션의 대표인 르포 정도는 아니어도 수필 역시 이야기를 해준다는 서사적 측면이 있다. 음악을 들으면 멜로디가 귀에 남는 것처럼 산문을 읽으면 가장 기억에 남는 것은 이야기(서사)이다. 따라서 수필 역시 이야기를 어떻게 구성하는지 기본을 익혀두면 도움이 될 것이다.

서사(narrative)란 사건이나 행동들이 잇대어져 시간에 따라 흘러가는 것을 가리킨다. 보통은 이야기 또는 스토리라고 부르는 것이 있는데 구성(plot)과는 다르다. 스토리는 시간순서를 따라 진행되는 이야기다. 그 스토리를 조각내서 작가의 의도 혹은 주제에 맞추어 재배치한 것을 구성이라고 한다. 의미에 따른 서사의 흐름이라고 할 수 있다. 때로, 구성은 좀 더 넓은 의미에서 글 전체의 얼개, 짜임새를 가리키기도 한다. 스토리와 플롯의 관계를 E.M. 포스터는 이렇게 설명한다.

> 스토리는 시간 순서대로 배열된 사건의 서술이다. 플롯도 사건의 서술이지만 인과관계에 중점을 둔다. ①'왕이 죽고 왕비가 죽었다'고 하는 것은 스토리지만, ②'왕이 죽자 슬퍼서 왕비도 죽었다'고 하는 것은 플롯이다. 시간 순서는 그대로지만 플롯에는 원인과 결과라는 연결고리가 들어 있다. 그리고 하나 더 ③'왕비가 죽었다. 아무도 그 까닭을 모르더니 왕이 죽은 슬픔 때문이라는 걸 알게 되었다'라고 한다면 이것은 신비를 간직한 구성이며 고도로 발전 가능한 형식이다.

①은 특별히 인위적인 장치를 덧붙이지 않고 일이 일어난 순서에 따라서 자연스럽게 전개되는 형식이다. 의미로 꿰지 않아 낱낱이 흩어진 행동들의 모음인 셈이다. 글 쓴 의도나 주제를 부각시키는 데 한계가 있다. 읽는 이들

이 잠시는 관심을 보일지 몰라도 곧 왜 이 글을 읽어야 하는지 몰라 흥미를 잃게 된다. ②는 사건들을 의미로 묶어내어, 시간 순서로 진행되는 구성인데 서사의 원초적인 형태이기도 하다. 그러나 날이 갈수록 이 정도로는 충분치 않게 되었다. 읽는 이의 흥미를 돋우고 긴장을 유지하려면 더 자극적인 방편이 필요해졌다. 볼거리, 즐길거리가 난무하여 사람들 관심이 거의 초 단위로 바뀌는 요즘 세상에선 서사가 예전처럼 느릿하게 흘러서야 관심을 계속 붙들어 두기 어려워진 것이다.

그러다 보니 요즘 영화나 소설의 서사들(이야기를 핵심으로 하는 문화콘텐츠)은 이야기의 절정이나 충격적인 결말을 맨 앞에 놓아 흥미를 불러일으킨 다음, 그 원인이나 문제를 찾아가는 형식 ③을 취하는 일이 많다. 특히 블록버스터나 추리소설들이 그러한데, 형식 ③은 첫머리에서 궁금증을 유발하여 독자의 흥미를 불러일으킨 다음, 그 원인을 찾는 과정으로 서사를 전개하여 긴장을 유지한다. 문제가 있으면 답이 궁금해지는 게 인간의 본능이므로 형식 ③은 궁금증 때문에 글을 끝까지 읽게 만드는 장점이 있다. 그러나 자칫 '호들갑을 떤다, 부풀린다'는 인상을 주기 쉬우므로 형식 ③을 이용할 땐 감정을 억제하면서 담담하게 쓰는 게 좋다.

다음 짧은 생활글 한 편을 보자. 생각나는 대로, 일어난 그대로 쓴다는 기본에 충실한 형식이다.

①우리 아버지는 30년 넘게 당뇨를 앓고 있는 만성 당뇨환자다. 내가 11살 때쯤 아버지는 병세가 심해져 병원에 입원한 적이 있었는데, 그때 아버지가 드시던 당뇨환

자용 병원음식이 기억난다. 거칠거칠한 현미밥, 간장이 없는 밍밍한 연두부, 싱거운 오이무침과 맹물에 끓인 듯한 콩나물국이 아버지의 점심메뉴였다. 밥을 나눠주시는 아주머니께 잘 이야기하면 환자 가족들도 병원음식을 공짜로 얻어먹을 수 있었는데 나는 콩나물국을 두어 번 떠먹고 나서 생수와 다름없는 맛에 숟가락을 놓아버렸었다. 아버지는 당뇨환자에게 짜고 단 음식은 건강을 해칠 수 있어 음식이 맛이 없는 거라고 말씀하셨다.

②하지만 당뇨환자들이 먹는 것 중에 내가 좋아하는 것이 있었으니 바로 사탕과 초콜릿이었다. 당뇨 환자들은 평소에 단 음식을 삼가야 하지만 갑자기 혈당이 낮아지는 저혈당 상태에서는 사탕이나 초콜릿 같은 단 것을 먹어 혈당을 올려야 한다. 저혈당 상태가 되면 식은땀이 흐르고 어지러우며 심장이 빨라지는 증상이 나타나는데, 심하면 쇼크 증세로 사망할 수도 있다. 이런 이유로 당뇨환자 병상 옆 서랍에는 항상 사탕, 초콜릿이 비상약처럼 들어 있다. 원래 단것을 즐겨 드시던 아버지로서는 좋아하지만 먹을 수 없는 주전부리의 유혹을 견디기 다소 힘들었을 것이다. 그런데 아들이라는 놈이 문병을 와서는 저혈당 상태에서만 조금 먹을 수 있는 사탕과 초콜릿을 옆에서 먹고 있으니, 참으로 곤혹스러우셨을 것이다.

③나는 요즘 휴대폰을 볼 때면, 21년 전 아버지의 초콜릿이 생각난다. ④내 직업은 휴대폰 신제품을 기획하는 것인데, 이 손바닥만 한 기계를 좋게 만들려고 타 부서 사람들과 회의하고 때로는 싸우고, 때로는 상사에게 욕도 먹는다. ⑤휴대폰이 나에게 가까이 있을수록 머리가 아프고 식은땀이 난다. 휴대폰은 곧 스트레스를 의미하기에 휴대폰을 저 멀리 치워버려야 내가 마음 편히 살 수 있을 것 같다. 그런데 이 휴대폰이라는 놈이 한 달에 한 번씩 내가 먹고사는 데 필요한 돈을 주어 날 살리니

무작정 멀리할 수도 없어 곤란하다.

〈김종현, 휴대폰〉

　자연스럽고 무난한 흐름이지만 밋밋해서 읽는 이의 관심을 끈다고 하기 어렵다. 글이 더 길어졌더라면 읽는 이의 흥미를 끝까지 붙잡아둘 수 있을까 고민 됐을 것이다. TV나 인터넷, 영화와 같은 볼거리와 경쟁해야 하는 시대이니 말이다. 여기에 구성을 더해보기로 하자.
　첫 단계로 글쓴이가 말하고 싶은 핵심표현이나 문장을 찾아야 한다. 이 글에서 '내가 개발하는 휴대폰은 초콜릿 환자식 같은 존재다'일 것이다. 또 이야기의 가장 드라마틱한 부분은 지겹기도 하지만 가까이에 두고 소중히 할 수밖에 없다고 딜레마를 느끼는 대목일 것이다.
　첫머리에 읽는 이의 흥미를 끌도록 지금의 내 모습이 드러나는 ④를 놓는다. 그런 다음 독자가 의문을 품고 끝까지 읽을 수 있도록 핵심표현 ③을 변형한 문장 '요즘 휴대폰을 보면 옛날의 초콜릿이 생각난다'로 진술하여 궁금증을 불러일으킨다. 다음 ①과 ②의 순서로 글을 전개한 후 첫머리에 던진 의문에 대답한다는 느낌으로 ③을 변형하여 '휴대폰을 볼 때마다 21년 전의 그 초콜릿이 떠오른다'고 다시 한 번 진술한다. 마지막으로 ⑤로 마무리하면 된다.

④ → ③ → ① → ② → ⑤

　이런 구성으로 다시 써본 것이 다음에 나오는 글이다. 중복되는 말과 표현은 생략하고 문장도 약간 손질했다.

④ 내 직업은 휴대폰 신제품을 기획하는 것이다. 매일 같이 손바닥만 한 기계의 성능을 개선하려고 타 부서 사람들과 회의하고, 때로는 싸우고, 상사에게 욕도 먹는다. ③ 그러다 보니 내게 휴대폰은 초콜릿 같은 존재가 되었다.

① 내가 11살 때 아버지는 당뇨가 심해져 병원에 입원하셨다. 문병을 갔는데 마침 식사 시간이었다. 거친 현미밥, 간장 없이 밍밍한 연두부, 싱거운 오이무침과 맹물 같은 콩나물국이 나왔다. 당뇨환자식이었다. 나도 먹어보려다 도저히 먹을 수 없어 숟가락을 놓고 말았다. 아버지는 당뇨환자에겐 짜고 단 음식은 해롭기 때문에 맛이 없는 거라고 설명하셨다.

② 하지만 당뇨환자의 음식 중 맛난 것도 있으니, 바로 초콜릿이다. 당뇨환자는 평소엔 단 음식을 삼가지만 갑자기 저혈당이 오면 사탕이나 초콜릿 같은 걸 먹어야 한다. 저혈당 상태가 계속되면 쇼크로 사망할 수도 있기 때문이다. 그래서 아버지의 병상 옆 서랍에는 사탕이나 초콜릿이 비상약처럼 들어 있었다. 나는 물어볼 것도 없이 꺼내먹었다. 원래 단것을 즐기던 아버지로선 단것의 유혹을 힘들게 견디고 있었을 것이다. 그런데 아들이란 놈이 나타나 서랍 속 사탕과 초콜릿을 꺼내먹고 있었으니, 여간 곤혹스러우셨을 것이다.

③ 요즘 들어 21년 전의 그 초콜릿이 자꾸 떠오른다. ⑤ 휴대폰을 저 멀리 떨어뜨려 놓아야 살 수 있을 것 같다. 하지만 이놈 덕에 매달 내가 먹고살 돈이 생기니 멀리할 수도 없다.

수필은 분량이 정해져 있지는 않다. 대체로 조건이 붙지 않는다면 원고지 10매에서 15매 정도(단어는 700개, 글자 수로는 2,000자, A4 용지로는 1.5쪽 정도)로 예정하고 쓰게 되는데, 여행기나 수상록이라고 하여 책 한 권 분량(원고지 800매 이상)이 되는 경우도 있고, 짧은 단상이나 칼럼이라고 길이가 정해지면 원고지 3, 4매 분량이 되기도 한다.

앞의 글은 필자의 생활 감상을 드러내는 수필로서는 분량이 적은 편이라고 볼 수 있다. 그러니 첫머리 ④를 에피소드나 일화 혹은 정황(situation)으로 묘사하여 분량을 늘리면 좋을 듯싶다. 회사생활에서 휴대폰 때문에 겪는 나의 고생담이나 스트레스를 받게 된 사건 같은 것을 드라마식으로 펼쳐 산뜻하게 묘사한 다음에 21년 전 당뇨식에 얽힌 일화가 전개된다면 더욱 멋진 글이 될 것이다.

02 | 구성의 종류

3단 구성

연극은 보통 3막으로 되어 있다. 아리스토텔레스가 『시학』에서 극의 흐름을 시작, 중간, 결말 3단계로 구분한 것이 그 시작이다. 지금도 극적인 구조를 만드는 기본 형식은 3막으로 되어 있다. 3막 구성의 시작은 설정하는 부분이다. 등장인물을 소개하고 상황과 맥락을 설명하면서 갈등의 시작을 보여준다. 그 갈등이 확대되는 조짐이 보이면서 중간 부분으로 가게 된다. 시작된 갈등은 점점 다양한 층위로 번지면서 확산되고, 인물들은 시작에서 설정해놓은 조건 안에서 발전하면서 갈등과 대립을 겪는다. 이런 중간 부분 다음에 결말이 온다. 결말은 시작부터 중간을 거쳐온 갈등이 모조리 해결되는 부분이다.

　연극뿐 아니라 서사(이야기)는 시작이 있고, 그것이 발전되는 중간과 발전된 이야기가 해결되는 결말이 있다. 이 3단계는 인간의 사고가 진행되는 자연스러운 과정이기도 하다. 생각한다는 건 질문이 생기고 그래서 원인을 조사하거나 연구하여 답을 찾고, 그 결과 답을 얻어서 끝나는 일련의 과정이다. 서두와 전개, 결말의 3단 구성은 인간의 생각하는 순서를 따라 이야기가 전개된다고 할 수 있다.

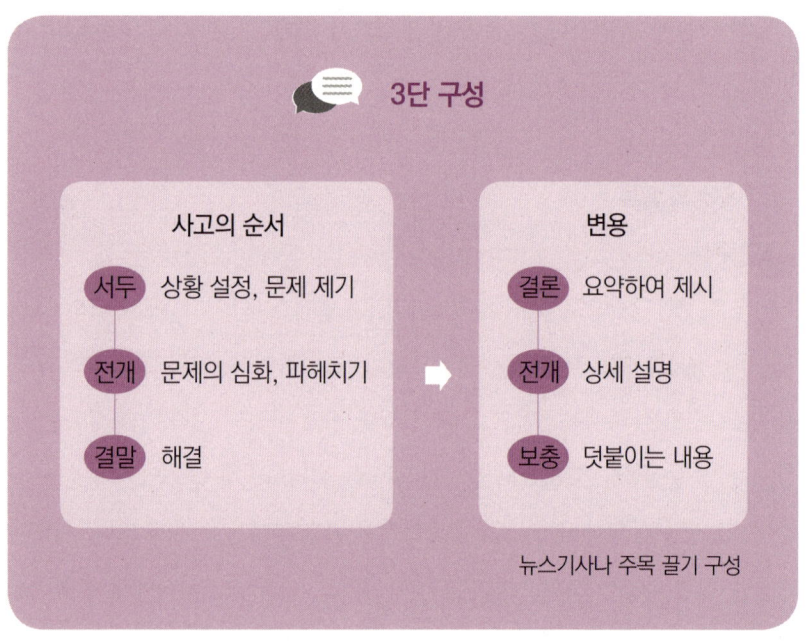

① 서두

첫머리 혹은 서두에서 가장 중요한 건 필자가 어떤 문제를 던지고 그 답을 찾으려고 하는지가 명확하게 드러나야 한다는 점이다. 그렇다고 대뜸 아무 준비도 없이 '여기에 이런 문제가 있습니다, 같이 알아보시죠' 하고 내던져서는 안 된다. 보통은 읽는 이가 자연스럽게, 은연 중 '이런 문제가 있구나!' 하고 느끼게끔 정성스레 멍석을 깔아야 한다. 누가, 언제, 어디서, 어떤 상황에 처해 있는지를 잘 그려 자발적으로 질문이 일어나게끔 유도해야 하는 것이다. 제시된 요소들로 머릿속에 자연스럽게 그림이 그려진다면, 이야기의 절반은 성공한 셈이다. 거기에 문제만 풀어놓으면 사람들은 궁금해서 결말까지 내달려 읽게 될 것이다.

그러나 서두에서 너무 많은 정보를 제공하는 건 위험할 수 있다. 첫머리만 읽고 다 알겠다고 느껴지면 읽기를 그치는 일이 생긴다. 전조나 암시, 정보를 적절하게 섞으면 가벼운 혼란을 야기하여 관심을 끌고 지속해갈 수 있다.

요즘은 시작할 때 핵심적인 질문을 제시하고 이어 그런 질문이 나오게 된 상황을 그려서 보여주는 방식이 흔히 쓰인다. 이야기가 시작되는 상황을 그림으로 그려서 문제를 느끼도록 만드는 것이다.

② 전개

말 그대로 서두에 내놓은 상황을 전개해서 문제를 이리저리 탐색하고 조사하는 과정이다. 발전이나 갈등이라고 부르기도 한다. 서두에서 소개되었던 배경, 인물, 행동을 더 세세하게 설명하기도 하고, 상황이나 문제가 제시되었다면 그걸 더욱 꼬아 갈등을 더 크게 만들기도 한다. 차분하게 이런저런 일화를 늘어놓으면서, 서두에서 내놓은 문제를 풀기 위해 다각도로 조사, 연구, 탐색한다고 보면 된다.

전개는 글쓴이가 모아놓은 소재의 질과 양을 자랑할 수 있는 부분이기도 하다. 다양하고 풍부한 소재는 읽을거리를 제공해서 흥미로운 글을 만든다. 영화가 볼거리가 많아야 볼 만하듯, 글은 읽을거리가 풍부해야 읽는 이들이 호응하기 마련이다.

③ 결말

가벼운 생활글이라면 서두와 결말을 비슷한 분량으로 하는 것이 좋다. 서두에서 나온 질문을 전개에서 연구, 조사, 탐색하고 결말에서 답을 내놓는다. 답은 암시하는 정도로 표현할 수도 있고 노골적으로 주장할 수도 있으나, 둘 중 어느 쪽이든 작가는 답을 갖고 있다고 한다. 결말에서 힘이 느껴져야 읽는 이의 기억에 오래 남는다.

영화나 소설이라면 전개 부분에서 나온 온갖 곤경과 행동, 사건이 남김없이 설명되고 해명되는 지점이다. 수필에서는 하고 싶은 이야기, 핵심이 되는 표현, 주제가 새삼 강조되는 지점이라고 하겠다. 결말 부분은 흐름이 빨라져야 한다. 쓸데없이 묘사나 설명을 늘어놓아 늘어지면 안 된다.

4단 구성

4단 구성은 3단 구성의 기본 틀에 약간의 변화를 준 것이다. 발단과 결말은 같지만 전개 부분에서 이야기를 살짝 비틀거나 반전을 더하여, 다른 관점을 보여주며 환기시키는 내용이 들어간다.

　중국 당송시대 한시(漢詩)를 기승전결(起承轉結)로 썼던 게 4단 구성의 원형이라고 할 수 있다. 한시는 기본 틀이 정해져 있다. 기에서 시상을 불러일으키고, 승에서 이어받아 발전시키고 전에서 변화하여 환기시킨 다음, 결에서 마무리 짓는 것이다.

　　기(起) : 화제를 제공하고 이야기의 실마리를 내놓으며 복선을 깐다.
　　승(承) : 기에서 설정된 틀을 발전시켜 갈등을 만들어서 복잡하게 한다.
　　전(轉) : 앞의 이야기를 다른 관점으로 잇는 느낌이 들도록 살짝 비튼다. 의외성을 보여준다. (소설의 4단 구성에서는 이 부분을 절정, 클라이맥스라고 하여 갈등의 최고조, 누적되어온 문제들이 한꺼번에 폭발하는 곳, 때로는 인물이나 분위기, 소설이 꾀하고 있는 감정들이 최고조에 달하는 곳이기도 하다.)
　　결(結) : 펼쳤던 모든 소재와 이야기를 모아서 하나의 의미로 해결한다.

　이런 형식이 선명하게 적용되는 요즘의 산문형식은 콩트이다. 콩트는 3단 구성으로 쓰면 밋밋해서 읽는 맛이 떨어진다. 때문에 이야기를 전개해나가다 후반부에서 재치 있게 살짝 비틀어 의외성을 보여주면서 주제를 강조해야 한다. 그러면 독자는 꽉 닫힌 방안에 신선한 바람 한 줄기가 훅 불어든 것처럼 선연히 받아들이게 된다. 감동이 일어난다. 따라서 콩트를 쓰려면 파격이 핵심인 전(轉) 부분을 살릴 줄 알아야 한다. 재치나 유머감각이 중요한데, 이것은 사물이나 사건에서 한 발자국 물러나 관찰할 때 생긴다. 글을 쓰다 파격이 필요하다고 느끼면 억지로라도 마음의 여유를 가지려고 해보자.

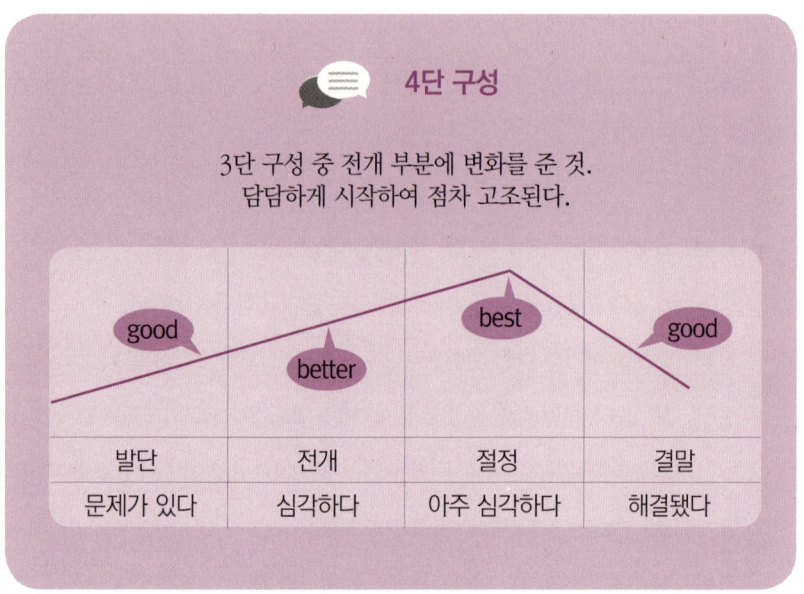

03 | 핵심표현의 위치에 따른 구성

두괄형 구성

 서두에서 글의 결론을 미리 말해놓고 이야기를 시작하는 방식이다. 주제나 결론은 글의 뼈대인데다 일화나 세부사항을 해석하는 관점이 되기도 하므로 미리 앞에서 결론을 말해두면 읽으면서 내용을 이해하기가 쉽다. 두괄형 구성은 읽는 이의 입장에선 하려는 말이 무엇인지 명확해서 소재들이 잘 연결되고 그림이 쉽게 그려진다는 장점이 있고, 중요한 이야기는 앞에서 읽어 알았으니까 중간에 읽기를 그만두더라도 핵심을 놓치지 않을 수 있어 좋다. 대체로 효율성이 중요한 뉴스기사들은 두괄형으로 쓰게 마련이다. 서두에서 사건을 제시하여 관심을 끌고 자세한 이야기나 사건의 개요는 전개부에서 찬찬히 늘어놓고 끝부분에서 그 사건의 평가나 분석, 심층적인 원인규명을 이야기하여 보충한다.

미괄형 구성

핵심이나 주제가 글의 끝부분에 위치하는 방식으로 결말 부분에서 이야기를 마무리한다. 물 흐르듯 자연스러운 인상을 주고 싶을 땐 미괄형을 쓰게 마련이다. 서두나 전개부에서 찬찬히 충분히 이야기한 다음에 결말에서 뭉뚱그려지기 때문에 쉽게 납득할 수 있다. 또 마지막에 읽는 이가 결론이나 글의 핵심을 기억할 가능성이 더 높아진다. 소재가 색달라서 호기심을 불러일으키는 내용이라면 두말 할 것 없이 미괄형이 좋을 것이다.

쌍괄형 구성

서두와 결말 부분 양쪽에서 글의 주제나 결론을 되풀이하는 방식이다. 첫 부분에서 준비시키고 끝부분에서 다시 한 번 마무리 짓기 때문에 핵심이 뚜렷하게 강조되는 효과가 있다. 이때는 말이 자꾸 반복된다는 인상을 주지 않도록 해야 한다. 같은 내용을 말하더라도 표현을 다르게 하는 것이 좋다.

무괄형 구성

요즘 소설이나 픽션은 무괄형이 많다. 글의 어디에서도 주제나 결론을 뚜렷하게 드러내지 않는 방식이다. 내가 말하려는 주제가 일반적이고 말할 필요도 없이 확실한 것이어서 굳이 말하지 않아도 알 거라고 짐작된다면 무괄형을 쓰는 것이 좋다. 또 읽는 이가 스스로 생각하고 판단 내리게 하고 싶을 때, 글을 읽고 의견을 강요당한다고 느껴져 반감을 살 우려가 있을 때, 주제나 핵심표현이 두드러지지 않도록 하는 무괄형을 쓰는 게 좋다.

04 | 아웃라인 만들기

글의 설계도를 아웃라인이라고 한다. 주제를 정하고 소재를 풍부하게 모았다면 구성을 궁리한다. 구성이란 글의 순서, 소재의 배열을 정하는 과정인데, 그걸 대략 그려보는 게 아웃라인 쓰기이다. 모든 글쓰기에서 아웃라인이 필요한 건 아니다. 간단한 일상글, 관습적인 양식을 따르는 글이라면 아웃라인이 별로 필요하지 않을 것이다. 본격적인 아웃라인을 만들지 않더라도 어떻게 쓸지 전체 얼개를 대충 메모해보게 마련인데, 긴 글, 특히 픽션에서 장편인 경우, 아웃라인을 만드는 과정이 꼭 필요하다. 우리나라 대표 대하소설인 『토지』 같은 경우엔 두루마리 벽지 뒷면에 인물의 발전도며 아웃라인을 썼다는 소문도 있다. 길고 긴 줄거리이니 끊이지 않고 한 종이에 이어 써나가려면 그 수밖엔 없었을 것이다.

내가 가장 많이 쓰는 방법은 종이접기이다. 종이를 가로 세로 두 번 접으면 네 칸으로 나뉜다. 매 칸마다 기승전결, 혹은 발단, 전개, 절정, 결말이라는 구성 단계의 명칭을 써넣는다. 그리고 칸 한쪽 구석에는 적당한 원고분량도 어림해서 써둔다. 그 다음 스토리를 나눠서 각 칸마다 들어갈 내용을 궁리해본다. 칸이 다 채워지는 데는 시간이 꽤 많이 걸린다. 주로 연필로 써넣는데 몇 번이고 지우고 다시 쓰기 때문이다. 때로는 너무 지우다보니 종이를 새로 접어야하는 일도 생긴다. 칸이 모두 메워지면 전체를 조감하면서 검토하여 세세한 부분까지 다시 손질한다. 그 종이를 책상 앞에 붙여놓고 집필에 들어간다. 이 방식은 보고서나 리포트 같은 논리의 일관성이 필요한 글에도 좋고, 참신한 사고가 요구되는 자유로운 수필에도 여지가 많아서 좋다.

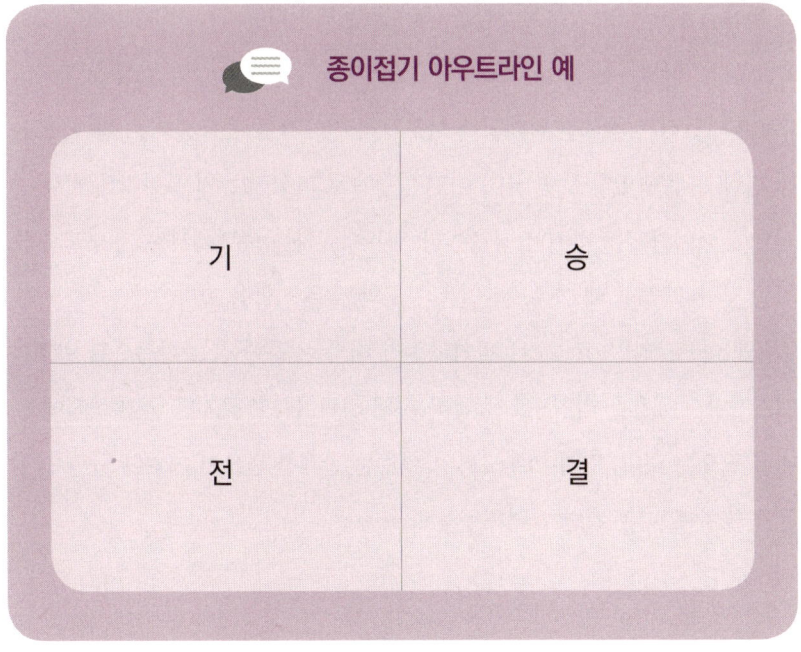

설계도가 있어야 건축물을 지을 수 있듯 아우트라인이 있어야 글을 쓸 수 있다. 그런 것 없이 머릿속으로만 생각을 굴리다가 이만하면 됐다 싶을 때 컴퓨터 앞으로 달려들어서 쓴다는 작가도 있긴 하다. 하지만 짧은 글은 몰라도 긴 글은 그렇게 되지 않는다. 쓰다가 방향을 잃고 엉뚱한 흐름으로 휘말려드는 경우가 종종 생긴다. 아우트라인이 있으면 그럴 염려가 없다. 아우트라인이 있으면 플롯이 꽉 잡혀서 전체적으로 균형감이 생긴다.

그렇다고 아우트라인에 너무 얽매일 필요는 없다. 쓰다가 정해놓은 내용이 적절치 않은 것 같으면 다시 검토해서 바꾸기도 한다. 결말도 아우트라인에서 정한 그대로가 아닌, 전혀 다르게 끝나기도 한다. 언제나 바뀔 수도 있다고 마음을 열어두고 아우트라인을 따라 쓰는 것이다.

글을 시작하기 전에 아우트라인이 있어야 쓰는 동안 글의 흐름을 자각할 수 있다. 그러지 않으면 디테일에 사로잡혀 전체가 보이지 않기도 한다. 쓰는 데 한참 몰두해 있다 보면 글이 어떤 방향으로 가고 있는지 무감각해져, 본능적으로 나아가기는 하지만 균형이나 일관성이라는 측면에서는 엉망일 수도 있는 것이다. 그럴 때 아우트라인은 지도와 같은 역할을 한다.

원래 아우트라인이란 노트 필기하듯이 대항목, 중항목, 소항목으로 번호를 매겨가면서 내용을 키워드로 요약하는 게 정석이라고 하지만 굳이 형식에 얽매일 필요는 없다. 단지 아우트라인 써보는 단계를 반드시 거쳐야 균형 잡힌 글을 쓸 수 있다는 것만 기억해두자.

아우트라인에서 내용을 배열하는 패턴

① 결과나 결론에서 이유로/이유에서 결과나 결론으로 나아간다.

② 개별적인 것에서 일반적인 것으로/일반적인 것에서 개별적인 것으로 나아간다.

③ 구체적인 것에서 추상적인 것으로/추상적인 것에서 구체적인 것으로 나아간다.

④ 부분에서 전체로/전체에서 부분으로 나아간다.

⑤ 근거에서 주장으로/주장에서 근거로 나아간다.

⑥ 현실적 실례에서 원리나 개념으로/원리나 개념에서 현실적 실례로 나아간다.

⑦ 목적에서 과정을 거쳐 결과로/결과에서 과정을 거쳐 목적으로 나아간다.

작가들은 알고 있는 기본 규칙

03. 문장과 문단 뜯어보기

낱낱의 음절이 모이면 단어가 된다. 단어는 앞뒤로 띄어 써서 하나의 단어임을 표시한다. 단어가 모여 문장이 된다. 문장은 마침표를 찍어서 하나의 문장이라는 것을 나타낸다. 문장이 모이면 문단(단락)이 되고, 문단이라는 덩어리들이 모인 게 한편의 글이라고 생각하면 글쓰기가 쉬워진다.

음절 < 단어 < 문장 < 문단 < 글

01 | 문장

글을 잘 썼다는 건 간간이 모르는 단어가 튀어나와도 읽으면서 문맥으로 미루어 알게 되는 수준, 그러니까 읽으면서 애쓰지 않아도 문장의 내용이 물이 스미듯 파악되는 것을 가리킨다. 되풀어 읽어야 겨우 그 뜻이 파악되는 글, 페이지를 넘기면 앞 페이지에서 읽은 내용이 머릿속에 남지 않는 글, 손으로 하나씩 짚거나 메모하면서 궁리해야 뜻이 명료해지는 글을 독자들은 외면하기 쉽다. 논문이나 연구보고서가 아닌 픽션이나 일상적인 글이라면 더욱 그렇다. 영어에서 고전이라 불리는 글들은 모르는 단어가 나오더라도 전후 문맥을 짐작해서 뜻을 어림할 수 있을 정도로 쉽게 쓰여 있는 경우가 많다. 한국어도 마찬가지다. 그렇게 쉽게 읽혀야 좋은 글이다. 애쓰지 않아도 내용이 저절로 머릿속에 그려진다면 읽는 이가 무심결에 이야기 속으로 빨려 들어가게 마련이다. 다음 다섯 가지 원칙을 따른다면 누구나 쉬운 문장을 쓸 수 있다.

첫째, 단문으로 쓴다

문장은 주어와 서술어로 이루어져 있다. 나머지는 중요도가 떨어진다. 주어와 서술어가 뚜렷하고 제대로 어울리면 뜻은 명확히 드러난다. 이게 핵심이다. '역전은 사람들이 꽤 많았다' 같은 문장은 얼핏 보기엔 별 무리가 없어 흔히 쓰이지만, 역전과 사람들, 주어가 두 개 있는 잘못된 문장이다. 글의 첫 번째 목적은 의사소통이다. 문법적으로 어긋남이 없는 문장을 써야 뜻이 명료하게 전달된다. 정확한 문장을 쓰려면 단문이 좋다. 글쓰기가 익숙지 않을수록 단문으로 쓰는 버릇을 길러야 한다.

잘 읽히는 글을 쓰고 싶은가? 읽는 이가 호감을 느끼는 글을 쓰고 싶은가? 생동감이 넘쳐 읽는 이를 사로잡는 글을 쓰고 싶은가? 자기만의 멋진 글쓰기

스타일을 갖고 싶은가? 그렇다면 무조건 단문으로 써라. 그것이 익숙해진 다음에 독자적인 스타일을 만들어라.

단문이란 문장 하나(마침표를 찍은 곳까지)에 정보가 하나 들어 있는 것이다. 마침표 하나에 정보가 하나씩 들어간다고 생각하면 된다. 예를 들어 '영희는 예쁘다'는 문장에는 영희는 예쁘다는 정보가 하나 들어 있다. 또 '영희는 이웃집에 산다', '영희는 어제 우리 집에 놀러왔다'도 마찬가지로 정보가 하나씩 들어 있는 단문이다. 이런 단문을 결합해 마침표 하나 안에 여러 정보를 집어넣으면 중문이나 복문이 된다.

'~하고, ~하면, ~하는데' 같은 접속조사를 써서 문장을 결합해보자. '영희는 예쁘고, 이웃집에 사는데, 어제 우리 집에 놀러왔다'가 된다. 또 문장을 구로 바꿔서 꾸미는 말(수식어)로 주어 앞에 붙이는 방법도 있다. 이를테면 '어제 이웃집에 사는 예쁜 영희가 우리 집에 놀러왔다'가 된다.

이처럼 간단한 내용이라면 여러 내용을 하나의 문장으로 써도 단어들이 뒤엉켜 뜻이 흐려지는 일은 드물지만, 아래 나오는 긴 문장의 경우는 뜻을 파악하기가 쉽지 않다.

한때 누군가 기대기도 하였을 굳은 어깨와 세상의 파도를 겁 없이 <u>맞서던</u> 단단한 등이 한없이 <u>초라해지기</u> 시작하는 인생의 어느 순간을 <u>지나</u> 늦은 밤 혼자 <u>찾은</u> 식당에서 우물처럼 입을 벌리고 있는 허기를 <u>메우기 위해</u> 허겁지겁 우동을 <u>삼키고 있는</u> 늙은 사내는 나와 눈이 <u>마주치자</u> 조금 <u>멈칫했으나</u> 다시 부지런히 손을 <u>움직여</u> 순식간에 우동 한 그릇을 <u>해치우고</u> 서둘러 자리를 떴다.

'사내는 먹었다, 멈칫했다, 자리를 떴다', 세 개의 서술어가 이 문장의 골격으로 내용을 떠받치고 있다. 나머지는 수식하는 말들인데 뒤엉켜 혼란스럽다. 게다가 세밀하게 따져보면 수식하는 말들도 과거와 현재를 넘나드는 여러 양상으로 뒤섞여 무엇이 무엇을 어떻게 수식하는지 애매하다. 얼핏 봐서는 뜻을 파악하기 어렵다. 위의 글을 단문으로 끊어서 늘어놓으면 다음과 같을 것이다.

> 늦은 밤, 늙은 사내는 혼자 식당을 찾아왔다. 우동을 시켰다. 허겁지겁 먹기 시작했다. 구부정한 어깨와 등이 한없이 초라해보였다. 저 어깨도 한때는 누군가의 의지처였으리라. 어쩌면 저 등으로 세상의 파도에 겁 없이 맞섰을지도 모른다. 그러나 이제 생의 한낮이 지나가버렸다. 나와 시선이 마주쳤다. 그는 잠시 멈칫했다. 다시 부지런히 손을 놀렸다. 우물처럼 깊은 허기를 메우려는 듯했다. 그릇이 비었다. 서둘러 자리를 떴다.

하나의 문장 안에 정보를 여러 개 집어넣으려고 하다 보면 위의 예문처럼 수식어가 겹치고 내용이 어수선해져서 시제며 능동, 수동이 혼용되어 문장이 꼬이기 쉽다. 또 주어와 서술어를 어울리게 쓴다는 문장표현의 기본도 흐트러진다. 그 결과 뭘 말하려는지 애매해진다. 스타일이나 말맛을 추구하기에 앞서 의사소통이 우선이라는 걸 명심해야 한다. 처음엔 무조건 단문으로 쓴다. 글쓰기가 익숙해진 다음에도 말이 꼬인다 싶으면 쓰던 문장을 무조건 단문으로 바꿔보는 게 글 잘 쓰는 비결이다. 단문에는 아래와 같은 장점이 있다.

단문으로 쓰면
① 글의 흐름이 빨라져 쉽게 읽힌다.
② 말하려는 핵심이 명확하게 드러난다.
③ 움직임과 변화가 두드러지기 때문에 읽는 이의 흥미를 끌 수 있다.
④ 내용이 간결하게 정리되어 의사소통이 쉽다.
⑤ 읽는 이의 뇌리에 오래 남는다.

초보자일수록 글을 쓸 때 문장이 길어지는 경향이 있다. 어디서 끊어야 할지 감이 잡히지 않아 망설이다 보니 말이 자꾸 이어지게 되는 탓이다.
 예를 들어 다음에 나오는 글을 보자. 위의 원 글에서 밑줄 친 부분까지가 정보 하나에 해당된다. 한 정보가 끝나면 무조건, 기계적으로 끊은 다음에 마침표를 찍는 연습을 해보자. 위의 원 글과 아래의 고친 글을 비교해서 읽어보면 차이가 느껴질 것이다. 한 정보가 끝날 때마다 끊는 편이 시제며 맞춤법이 잘 맞아 내용이 머릿속에 선명하게 그려진다.

 난숙은 자신이 항상 겉과 속이 같은 사람이라고 <u>생각하고 있기에</u>, '엥? 아닌데?' 하는 표정을 <u>지었으나</u> 철호가 난숙의 표정을 채 읽어볼 새도 <u>없이</u> 후배 상호가 동아리방에 <u>들어선다</u>.
 → 난숙은 자신은 항상 겉과 속이 같다고 생각해왔다. (그래서) 아니라는 표정을 지었다. 철호는 보지 못했다. 그때 동아리방에 후배 상호가 들어섰다.(선 것이다)

'그래서'라는 접속어를 넣고 '들어섰다'라는 서술어를 '들어선 것이다'로 바꾸면 글이 더 부드럽게 읽힌다. '~것이다'라는 서술어는 앞에 나온 내용을 다시 말하거나 이유를 덧붙여 설명하려고 할 때 자주 쓰인다.

다음은 글의 중간 부분이 아닌 글의 첫머리이다.

"너 이런 거 누구한테 배웠니?"
1차 뒤풀이가 끝나고 2차로 찾은 노래방에서였다. 이제 갓 스무 살로 보이는 여자 후배가 맥주에 소주를 섞고 있는 장면을 보고 물었다. 그 모습은 마치 과학자가 인류를 위해 한 치의 오차 없이 실험을 성공시키려는 것처럼 보였다.
"선배들이 알려 줬는데요."
황금비율을 맞춰 흐뭇한 표정을 짓는 후배의 모습과 함께 썩은 명태 아가리에 마이크가 박힌 양 되는 대로 소리를 내지르고 있는 친구들의 얼굴이 비현실적으로 일렁거렸다. 대학을 졸업하고 처음 찾은 선후배 간의 모임이었다. 내가 있을 자리가 아니다 싶어 자리를 뜨려했으나 취기가 오를 대로 오른 낯선 놈이 날 붙잡고 엉엉 우는 바람에 그것도 쉽지 않았다.

글의 첫머리는 글에서 가장 중요한 대목이다. 읽는 이가 이야기 속으로 들어가기 전이므로, 자연스럽게 상황이 펼쳐지면서 읽는 이의 관심을 붙잡아야 한다. 내용이 자세하면서도 표현이 간결해야 읽는 이가 가볍게 이야기 속으로 빨려 들어간다. 설명문장이 자주 나오면 내용이 편안하게 들어오지 않는다.

다음 예문을 보자. 앞의 예문을 모조리 단문으로 끊어서 움직임과 감정이 생생히 살아나도록 만드느라 문장의 순서를 바꾸었으며 설명문장은 묘사문장으로 손보았다.

> 대학 졸업 후 첫 번째 선후배 모임이었다. 1차에 이어 뒤풀이 삼아 노래방에 갔다. 스무 살 여자후배가 맥주에 소주를 섞기 시작했다. 인류의 미래가 걸린 중대한 과학실험이라도 하듯 진지했다. 나는 놀라서 물었다.
> "이런 거 누구한테 배웠니?"
> "선배님들요."
> 그녀는 황금비율로 맞췄다며 흐뭇한 미소를 지었다. 다른 녀석들은 되는 대로 노래를 내지르고 있었다. 그 모습들이 겹치면서 혼란스러워졌다. 일어나 나오려 했다. 한 녀석이 나를 붙잡고 늘어지며 엉엉 울기 시작했다. 엉망으로 취해 있었다.

 단문으로 쓰기 위해, 먼저 중지법을 쓰지 않도록 조심해야 한다. 중지법이란 '~하고', '~하면서', '~는데'와 같은 접속조사를 붙인 다음 잠시 호흡을 삼키고 말을 이어가는 것을 가리킨다. 중지법을 사용하면 부드럽고 리듬감이 느껴져서 쓸 때는 잘 쓰는 것처럼 착각하게 되지만, 쓴 다음에 소리 내어 읽어보면 의미나 핵심이 잘 드러나지 않고 흐릿한 인상을 준다는 걸 깨달을 것이다.
 중지법을 쓰지 않기 위해 처음엔 '~이기에', '~하고서', '~하고', '~지만'과 같은 접속조사가 나오면 얼른 '~다'를 붙여 말을 끝내고 마침표를 찍는다. 무조건 그렇게 한다. 어색하게 느껴지면 '그러나', '그리고', '따라서'처럼 뜻이 명확한 접속사를 내세워 다음 문장을 이어주면 된다. '다, 다, 다'가 계속되어 읽을 때 어감이 거칠더라도 일단은 그렇게 한다. 조금 어색한 게 뜻이 불명료한 것보다 낫다.

 글쓰기에 익숙해져 자신감이 붙은 뒤 문장의 뜻이나 핵심표현, 앞뒤 문장의 관계, 단어의 위치로 문장이 자연스럽게 연결되도록 손질하면 매끄러운 글이 되니까 미리 걱정할 필요가 없다. 아마 그 즈음이면 자기만의 글 스타일이 만들어지기 시작했을 것이다.

 이번엔 중지법으로 길게 쓴 문장을 단문으로 고쳐보자. 다음은 단문으로는 여섯 개의 문장으로 써야 할 내용을, 중지법을 써서 하나의 길고 긴 문장으로 만든 예다. 읽는 이가 반드시 알아야 할 내용과 대충 알아도 될 내용이 분명치 않고 빠르게 읽기 버겁다. 게다가 소리 내어 읽어보면 말이 입안에서 딱딱 떨어지지 않고 씹혀서 편하게 읽히지가 않는다.

  여행 일정을 마치고 ①서울로 돌아가는 길에는 쪽잠이라도 잘 수 있지 않을까 하는 작은 희망을 품었으나 ②역시 과장님은 기대를 저버리지 않고 지치지 않고 수다를 떠셔서 ③결국 자는 것을 완전히 포기하고 ④체념한 채로 이야기를 듣던 중 ⑤뜻밖의 이야기를 듣게 되었다.

 번호를 붙인 곳을 모두 끊고 '~다'로 바꾸었다. ①번 다음에 주어 '나'를 넣었는데, 모든 첫 문장은 주어가 표시돼야 뜻이 명확해진다. 대신 뒤에선 '나'를 생략했다. 앞에서 여러 번 반복되어 짐작으로 알 수 있는 단어가 아니라면 생략하면 안 된다.

일정대로 여행을 마쳤다. 나는 서울로 돌아가는 길에는 쪽잠을 잘 수 있지 않을까 기대했다. 그런데 과장님은 지치지도 않고 수다를 떠셨다. 결국 잠을 포기했다. 체념한 채로 들었다. 뜻밖의 이야기가 나왔다.

또한 단문으로 쓰려면 수식어구를 길게 늘어놓지 말아야 한다. 수식어구가 길어질 기미가 보이면 수식하는 내용을 독립시켜 다른 하나의 문장으로 만든다. 그렇게 해서 정보 하나마다 한 문장씩 따로 끊어 쓰는 게 읽기에 편하다. 문장의 뼈대인 주어와 서술어가 즉각 눈에 들어와야 한다. 다른 말에 묻히면 내용을 파악하는 데 시간이 걸리거나 뜻이 불명료해진다. 다음 예문은 독립된 문장으로 따로 써야 할 정보를 한 문장의 수식어구로 뭉뚱그려 넣어서 리듬이 깨진 것이다. 수정된 글을 보며 그 차이를 느껴보자.

그런 기회가 있었다 해도, ①자식들만큼은 공부시켜 더 넓은 세상에서 살게 하겠다는 ②힘겨운 인생의 목표를 가진 부모님은 ③그런 방면으로는 관심 가질 여력이 없었기 때문에 ④결과는 마찬가지였을 것이다.
→ 부모님의 목표는 힘겨웠다. 자식들만큼은 공부시켜 더 넓은 세상에서 살게 하려고 했다. 그런 문제엔 관심 가질 여력이 없었다. 그러니 기회가 있었다 해도 결과는 마찬가지였을 것이다.

움직임이나 사건의 진행을 빠르고 생생하게, 다음이 궁금해지도록 쓰려고 한다면 단문이 좋지만, 그렇다고 장점만 있는 것은 아니다. 단문으로 탁탁 끊어서 쓰면 겹겹으로 얽힌 심리적인 층위나 상황의 무게를 전달하기 어렵다. 또 단문만 죽 늘어놓으면 도식적이고 딱딱한 인상을 주기 쉽다.

단문과 장문은 필요에 따라 적절히 섞어 쓰는 게 좋다. 단문 몇 개가 나오면 장문이 하나씩 들어가야 한다든지 하는 규칙이 정해져 있는 건 아니다. 우선 단문쓰기를 몸에 익힌 다음, 쓸 때의 느낌에 따라 장문을 섞는 게 좋다. 보통은 쓸 때 글을 소리 내어 읽으면서 입에 물리는 리듬감으로 장문이 들어갈 곳을 찾는다. 또 덧붙여 말하거나 내용을 강조하기 위해서 특별히 장문으로 쓰기도 한다. 나중에 수정할 때 여러 단문의 정보들을 결합해서 장문으로 고칠 수도 있으니, 일단 초고는 무조건 끊어서 단문으로 쓴다는 자세를 갖자. 그러면 글이 힘차고 멋있어진다.

두 번째, 긍정문으로 쓴다

긍정적인 표현 위주로 쓰면 글이 에너지가 넘친다. 부정적인 문장이 나오면, 되도록 뜻이 같은 긍정적인 표현을 찾아내 바꾸도록 한다. 긍정적인 표현은 따스한 감성으로 글을 감싸 읽고 싶게 만들고 기억에 오래 남게 해준다.

사람은 하루에 평균 5만 마디의 말을 한다고 한다. 전자파는 암을 일으킨다는데 말의 파동은 전자파보다 3,300배나 더 강력하다는 주장도 있다. 좋은 에너지, 깊은 인상을 주도록 긍정적인 문장을 써야 쓰는 이도 좋고 읽는 이에게도 좋다. 이때 긍정적인 말로 바꾼다고 해서 내가 표현하려는 뜻과 동떨어진 말로 고치면 안 된다. 뜻이 아주 달라져서 납득할 수 없는 수준이면 설득력을 갖지 못하기 때문이다.

변덕이 심하다 → 관심사가 다양하다 (O: 변덕에 대응하는 유사한 표현)
　　　　　　→ 창조적이다 (X: 긍정표현이긴 하지만 뜻이 동떨어짐)

아무도 대희를 찾아오지 않았다. 특히 겨울에는 더 오지 않았다. 그는 사람들이 필요하지 않았다.
→ 대희는 혼자 있었다. 특히 겨울에는 더 혼자였다. 혼자 지내는 걸로도 충분했다.

아무도 유미가 지는 걸 원치 않았다.
→ 모두 유미가 이기기를 바랐다.

달리기를 자주 하지는 마라.
→ 달리기를 가끔 해라.

또 하나 유의할 것! 부정적인 표현이 한 번 나왔더라도 그걸 받아서 되풀이하지 않도록 하자. 여자들은 이런 질문을 자주 한다. '나, 뚱뚱해 보이지 않니?' 수사의문문에 가까운, 아니라는 대답을 기대하는 질문이다. 이에 대해

① 아니, 뚱뚱해 보이지는 않아.

② 아니, 조금은 날씬해 보여.

두 가지 답변이 가능할 것이다. 이 중 ②번을 쓰는 게 좋다. '뚱뚱하다'는 부정하고 싶은 내용을 한 번 더 되풀이하는 것보다 조금 날씬해 보인다는 표현을 쓰는 것이다. 부정하고 싶은 내용은 되풀이하지 않는 편이 낫다.

『코끼리는 생각하지 마』라는 제목의 재미있는 책이 있다. 미국 대통령 선거에서 민주당이 공화당에게 번번이 패하자 그 까닭을 인지과학적인 관점에서 규명했다. 결론은 이렇다. 민주당은 선거운동 때마다 공화당의 상징인 코끼리를 들먹이며 코끼리는 생각하지 말라는 식의 구호를 외쳤고, 그 구호를 들을 때마다 시민들은 자연스럽게 공화당을 떠올리게 되어 민주당이 의도한 것과는 반대로 공화당을 선전해준 꼴이 되었다는 것이다. 인지과학적으로 봤을 때, 독자들이 생각하기를 원치 않는 내용을 생각하지 말라고 언급하면 할수록 더욱 생각하게 된다는 게 이 책의 요점이다.

세 번째, 강조하고 싶은 단어는 맨 앞이나 맨 뒤에 쓴다

문장에는 힘이 실리는 위치가 있다. 맨 앞이나 맨 뒤가 눈에 띄고 기억에 오래 남는 자리이다. 그러니 문장에서 강조하고 싶은 단어, 중요한 단어는 맨 앞이나 뒤에 놓으면 된다.

<u>서울시민들은</u> 한강에 찾아와 느긋한 시간을 보낸다. (서울시민을 강조)
<u>한강에</u> 서울시민들이 찾아와 느긋한 시간을 보낸다. (한강을 강조)

느긋한 시간을 보내려고 서울시민들은 한강에 찾아온다. (느긋한 시간을 강조)

위의 세 문장은 각각 강조하려는 내용이 다르다. 그러나 다음 나오는 예문처럼 강조하겠다고 티를 내는 정도는 아니다. 아래 두 문장은 강조문 형식으로, 맨 뒤가 강조하는 위치인 셈이다. 티가 나는 강조 문장은 자주 쓰지 않는다. 페이지 전체에 밑줄을 그어놓으면 그 중 강조하는 말이 어느 것인지 눈에 띄지 않기 때문이다.

서울시민들이 느긋한 시간을 보내려고 찾는 곳은 한강이다. (한강을 강조)
한강에 찾아와 느긋한 시간을 보내는 이들은 서울시민이다. (서울시민을 강조)

네 번째, 수식어를 적절히 사용한다

수식어는 가리키는 범위를 한정시키는 말이다. 다음 보기처럼 꾸미는 말을 붙여서 꾸며지는 말이 가리키는 대상의 범위를 점점 좁혀가는 것이다.

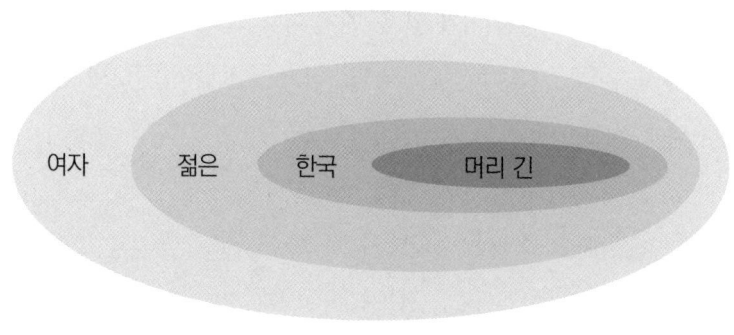

여자(인간 70억 명 중 절반인 35억 명) 〈 젊은 여자(10억 명) 〈 젊은 한국 여자(1,000만 명) 〈 머리 긴 젊은 한국 여자(700만 명) 〈 산티아고 순례길에서 나를 스쳐간 머리 긴 젊은 한국 여자(1명)

단어로 표현하려는 최종목표는 일물일어(一物一語)이다. 이 원칙이 플로베르가 모파상에게 전수한 유일한 글쓰기 비결이었다고 한다. 단어 하나가 사물 하나와만 대응하도록 구체적이고도 적확한 표현을 골라서 쓴다는 뜻이다.

수식어를 여러 개 붙일 때는 긴 것을 먼저, 짧은 것을 나중에 놓는다.

잿빛의 축축한 냉기 가득한 퇴근길 → 냉기 가득하고 축축한 잿빛 퇴근길

수식어의 위치도 중요하다. 만약 앞의 예문, '산티아고 순례길에서 나를 스쳐간 머리 긴 젊은 한국 여자'에서 '젊은'이란 말을 맨 앞으로 가져다놓으면 '젊은 산티아고 순례길에서 나를 스쳐간 여자'로 '젊은'이 나를 수식하는 걸로 혼동되기도 한다. 강조하고 싶은 수식어를 수식되는 말 바로 앞에 붙여놓으면 오해를 방지할 수 있다.

수식어를 쓸 때는 절제하는 자세가 필요하다. 글쓴이의 주관으로 판단해서 설명하는 내용을 수식어로 만들어 붙이면 미리 정보를 줘서 김을 빼는 꼴이 된다. 영화를 보는데 감독이 화면 귀퉁이에 출연해서 '이 장면은 슬픕니다'라고 해설한다고 상상해보자. 또 우스운 이야기를 하겠다고 미리 경고를 하고 이야기를 시작하면 사람들은 자기도 모르게 마음의 준비를 하게 되어 좀처럼 웃지

않게 되기도 한다. 따라서 해설하는 수식어는 절대 쓰지 않도록 주의한다.

또한 가급적이면 최상급으로 비교하거나 강조하는 형용사, 부사는 쓰지 않도록 한다. '아주, 진짜, 정말로, 최고로'와 같은 말들은 아예 추방해버리자. 진짜 원조 족발집이란 간판을 보면 왠지 신뢰가 안 가 고개를 갸우뚱하게 된다. 절제된 표현이라야 읽는 이의 마음을 움직일 수 있다. 강렬한 감정에 휩싸인 상태일수록 유창한 말보다는 소박한 말에서 더 진정성을 느끼게 마련이다. 덧붙이자면 감정을 고조시키는 방법 역시 단문을 단계적(점층적)으로 쌓아 올리는 것이다.

다섯 번째, 하나의 문장이라면 같은 톤으로 통일하도록 한다

하나의 문장 안에서(마침표를 찍기 전까지) 능동태와 수동태를 섞어 쓰지 않는다. 예를 들면,

오늘 계획을 수립해서(능동) 그 일을 하게 되었다.(수동)

와 같은 문장은 어색하게 읽힌다. 같은 능동태나 수동태로 통일해서 써야 조화를 이뤄 입안에서 걸리지 않고 술술 읽힌다.

오늘 계획을 수립해서 그 일을 했다. (능동)
오늘 계획이 수립되어 그 일을 하게 되었다. (수동)

무생물을 주어로 한 수동태 문장은 어색하고 뜻을 파악하기도 쉽지 않다. 수동태로 쓰면 마치 사건이 저절로 일어난 것 같은, '자연발생적'이라는 인상을 준다. 적어도 한국말에서는 그렇다. 가능하면 능동태로 바꾸도록 하자. 이해하기 쉽고 명확한 인상이 남는 문장은 능동태가 많다.

흔히 신문기사나 뉴스 같은 데선 감추고 싶은 일일수록 '회계 상 부정이 있었습니다'와 같은 수동태 표현을 많이 쓴다. 만약 '누군가 회계부정을 저질렀습니다'라고 능동태로 기사를 쓴다면, 책임 소재를 못 찾았다는 게 확연히 드러나 책임자를 찾으라는 요구가 일어날 것이다. 수동태 문장의 뉴스를 접한 독자들은 회계부정을 저지른 책임이 누구에게 있는지 따지려고 하기보다, 회계부정이 천재지변과 같은 자연발생적 사건인 양 무기력하게 받아들이게 된다.

또한, 글을 쓸 때 경어체와 평서체를 쓸 때도 한 가지로 통일해야 한다. 일반문장에서 존대어는 사용하지 않는 것이 원칙이다. 독자를 가장 존중하기 때문이다. 그러나 인용문이나 대화에서는 상황에 따라 존대어를 쓴다. 또 한 문단 안에선 과거면 과거(했다), 현재면 현재(한다)로 시제를 한 종류로 통일해야 어색하지 않다.

02 | 문단

균형 잡히고 읽기 쉽게 쓰려면 글을 문단 단위로 생각해야 한다. 문단(단락)은 글을 이루는 덩어리다. 문단에는 소주제문이 있고 그것을 떠받치는 뒷받침 문장들이 있다. 문단의 모양은 시작할 때 한 칸 들여서 쓰고 끝났을 때 행을 바꿔서 표시하는 게 보통이다.

형태

문단마다 글 전체의 주제를 나눠서 감당하는 소주제가 있는데, 보통 하나의 문장으로 표시된다. 소주제문은 문단의 내용을 결정한다. 소주제문을 펼치거나 지탱해주는 문장이 문단에는 대여섯 개 정도 있다. 이를 뒷받침 문장이라고 부른다. 그리고 논리성이 강한 글이라면 문단마다 그 문단에서 내놓은 내용을 포괄해서 마무리 짓는 결론문장이 마지막에 들어가기도 한다.

글 전체 내용 : 아버지와의 추억

문단의 소주제문 : 아버지의 부지런함

뒷받침 문장 : 일찍 일어나셨다. 아침에 내가 눈떠보면 항상 청소를 하고 계셨다. 직장에 지각하신 적이 없다. 일찍 일어난 새가 벌레를 잡는다는 게 신조였다.

아버지는 부지런하셨다.(소주제문은 드러날 수도 있고 감출 수도 있으나, 글을 쓰는 이는 이를 명료하게 의식하고 있어야 한다.) 언제나 아침 일찍 일어나셨다. 어렸을 때 눈을 떠보면 아버지는 먼저 일어나 청소를 하고 계셨다. 내가 뒤늦게 부스스한 얼굴로 도울라치면, 일찍 일어난 새가 벌레를 잡는다고 입버릇처럼 말씀하셨다.

일반적으로 한 문단은 200자 정도이고, 논문이나 설명문처럼 사고를 길게 이어가는 글의 문단은 300자에서 400자 정도가 적당하다고 한다. 그보다 문장의 개수로 덩어리 짓는 편이 쉬울 것이다. 문장 6개 내지 8개가 모여 한 문단을 이룬다고 생각하면 좋다. 때에 따라서 하나의 문장이 완결된 의미, 즉 한 문단의 내용을 구비하고 있어 앞뒤 다른 문단으로부터 독립되어 있다면 문장 하나가 한 문단이 될 수도 있다.

문단쓰기를 잘하려면 전체 주제에 따라 소주제들로 나누고 각각의 소주제를 문장의 형태로 알기 쉽게, 짧게 미리 써본 다음 그에 맞는 뒷받침 문장들을 궁리하면 된다. 그러면 소주제문은 문단의 뼈대가 되어 글을 일관성 있게 만들어줄 것이다.

공감을 목적으로 하는 소설에서는 소주제문이 표면에 드러나지 않는 게 보통이다. 소주제문이 드러나면 뜻은 명료해지지만 설명하거나 감정을 강요하는 듯한 작위적인 인상을 주게 되어, 읽는 이가 반발하기 쉽다. 요즘처럼 감정이입이 중요시되는 트렌드에선 소주제문을 감추는 게 유행인데, 그래도 쓸 때는 소주제문을 명확히 의식하고 있어야 한다. 논리적인 글이나 설명문에선 소주제문을 문단의 맨 처음에 도드라지게 써놓으면 의사전달이 쉬워진다.

문단 나누기(행갈이)를 해야 하는 곳

① 시점이나 견해(관점)가 바뀔 때

② 별도의 다른 생각을 덧붙일 때

③ 다른 이야기로 옮겨갈 때

④ 구체적인 예를 들거나, 데이터와 같은 것이 제시될 때

⑤ 소제목이 붙거나 내용이 바뀔 때

⑥ 대화 부분에서 말하는 사람이 바뀔 때

⑦ 에피소드가 소개되거나, 자료가 제시될 때

⑧ 서사에서 때나 장소가 바뀔 때

⑨ 특별한 내용이라고 강조하고자 할 때

⑩ 인물이나 행동이 바뀔 때

문단의 배치

문장과 마찬가지로 문단도 자신이 좋아하는 리듬을 만들어 글의 속도를 조절하는 단위로 사용한다. 문장으로는 단문과 장문의 배치와 패턴, 문단으로는 긴 문단과 짧은 문단을 어떻게 조합하느냐에 따라 속도감이 달라진다. 단

문 위주거나, 짧은 문단을 주로 하면 속도감이 빨라진다. 장문이 계속되거나 긴 문단들로 구성된 글은 급하지 않고 느릿한 느낌을 준다. 이처럼 속도감은 글의 스타일을 결정짓는다.

읽는 이가 깊은 생각에 빠져들게끔 하려면 긴 문단을 계속 늘어놓는다. 반면 가볍고 속도감 있는 리듬으로 경쾌하게 읽도록 하고 싶다면 단문을 주로 쓰고 문단도 짧게 끊는다.

짧은 문단을 늘어놓으면 읽는 이의 관심이 문단에서 문단으로 쉽게 움직이지만 내용을 깊이 있게 표현하여 읽는 이가 깊이 생각하도록 만들기는 어렵다. 반면 긴 문단은 선뜻 읽히지 않는 결점이 있다. 복잡한 심리묘사나 상황이 뒤얽혀 느리게 진행되어야 할 때는 장문과 긴 문단을 쓰게 마련이다.

문단의 연결

문단과 문단을 부드럽게 잘 연결하면 문단 사이에 연속성이 유지되어 글 전체가 통일성, 일관성 있다는 인상을 준다. 문단과 문단을 연결하는 쉬운 방법은 뒷문단 첫머리에 접속어를 넣는 것이다. 그러면 앞뒤 문단의 관계가 명확해진다. 혹 리듬을 타고 있다면 접속어를 생략해볼 수 있다. 간결하면서도 탄탄하고 세련된 글이 된다. 그러나 논리의 흐름을 확실히 보여주거나 강조하고 싶을 때, 앞뒤 문단의 관계를 명확히 해야 할 필요가 있을 때, 글 전체에서 그 문단이 차지하는 비중을 분명하게 드러내서 뜻을 확실하게 전달하고 싶을 때는 반드시 접속어를 사용하도록 한다.

접속어를 생략하는 문단연결

① 소주제문이 맨 처음에 있는 두괄형 문단인 경우, 소주제문에 앞 문단과의 관계를 알 수 있는 말을 넣으면 접속어가 없어도 앞뒤 문단이 자연스럽게 연결된다.
② 소주제문이 문단의 중간에 나오는 중괄형이나 끝에 나오는 미괄형 문단인 경우 문단의 처음에 앞 문단의 핵심표현을 받아서 관련짓는 말을 넣는다.
③ 논리성이 강한 글이라면 글의 서론에서 몇 개의 키워드나 핵심표현 또는 문제들을 제시한 다음, 본론의 문단마다 그걸 하나씩 짚어가며 상세하게 이야기해본다. 이 역시 접속어를 쓰지 않고 매끄럽게 문단을 연결하는 방법이다. 이 경우에는 키워드나 핵심 표현, 문제가 문단의 접속어 역할을 하는 셈이다.
④ 글의 흐름이 딱딱하고 내용이 어려운 경우엔 문단과 문단 사이에 '지금까지 이야기한 것처럼…' 또는 '다음에는 …에 대해 설명하려고 한다' 등 직접 나서서 설명하는 말을 과감하게 넣는다. 조금 거칠더라도 앞뒤 문단의 내용을 명확하게 연결하는 편이 애매모호한 것보다 낫다.
⑤ 앞뒤 문단의 내용이 아주 달라질 때는 바뀌는 문단 첫머리에 '이야기가 조금 비약되었지만' 또는 '실제로 예를 들겠다' 등의 말을 넣어서 글 전체의 흐름과 일관성을 유지할 수 있도록 한다.
⑥ 글의 전개가 들쑥날쑥해서 읽는 이가 의문을 품거나 질문이 나올 거라고 예상된다면, '왜 이런 이야기가 나왔는지 궁금할 것이다' 하고 미리 질문을 던진 다음, 그에 대답하는 형식을 취하면 읽는 이의 부담을 덜 수 있다.

04. 서사와 묘사, 글의 차이

어떤 책을 읽고 불평할 때, 그 구체적 정황은 각양각색이다. 예를 들어보자.

A : 왜 그런 주장을 하게 됐는지 궁금해서 밑줄치고 메모까지 하면서 책장을 넘겼는데도, 앞의 내용이 머리에 잘 남지 않는다. 이런 애매모호함이 점차 쌓이다 보면 머리에 쥐가 날 지경이 된다.

B : 알고 싶었던 문제를 말해주는 것 같아 읽기 시작했는데, 내용이 이리저리 건너뛰거나 되돌아가고 단어를 여러 뜻으로 헷갈리게 쓰고 있다. 횡설수설하는 느낌이라 혼란스럽다.

C : 일단 뭔가 흥미진진하긴 하다. 시간이 어떻게 갔는지 모를 지경이다.

다음이 궁금해져서 빠르게 책장을 넘긴다. 그런데 마지막 페이지를 덮고 나니 허망하다. 별 의미 없는 일로 시간을 죽였다는 느낌이 스멀스멀 올라와 씁쓸해진다.

D : 언뜻 가슴에 와 닿는 감동이 있는 듯해서 읽기 시작한다. 페이지가 잘 넘어가지 않는다. '아직도 주인공은 기회를 엿보며 망설이고 있는 거야? 언제 방에 들어갈 건데?' 하는 불만이 마구 튀어나온다. 하품을 하다 그만 잠들고 만다.

100퍼센트라고 할 순 없지만, 일반적으로 A는 논술문, B는 설명문, C는 서사문, D는 묘사문으로 된 책을 읽다가 나온 불평이라 할 수 있다. 거칠게나마 언술방식을 나누면 그렇게 네 가지가 된다.

01 | 글의 종류

논술문

말다툼에서 유리한 고지를 점령하거나 다툼을 빨리 끝내고 싶다면 '증거 있어? 증거를 대봐' 하고 다그치는 게 제일이다. 그 말에 대답하는 내용을 글로 펼친다면 논술문이 될 것이다.

논술문은 객관적인 논거들을 인과율에 의지해서 차곡차곡 쌓아올린 다음 결론으로 종합하면 된다. 사실 과학적인 실험 보고서나 학술논문, 학생들의 논술 답안이 아니라면 엄밀한 의미에서 논술문의 정의에 들어맞는다고 하기 어려운 경우가 많다. 특히 수필이나 일상적인 생활글에서는 논술한다기 보다 진술한다는 표현이 더 적확할 문장들이 나오기도 한다.

자기가 느낀 깨달음이나 반성, 탐구한 내용이나 비판하고 싶은 것들을 표현할 때면 흔히 논술문 형식을 채용한다고 보면 된다. 말로 주장할 때는 툭 내뱉는 정도로 엉성하게 해도 그냥 지나쳐지지만, 글로 주장을 읽을 땐 구멍 난 부분이 유난히 잘 보인다. 논술문을 쓸 땐 구멍 난 부분이 없도록 뒷받침하는 논거를 빈틈없이 쌓아가야 한다.

논술문은 증거, 논거를 바탕으로 객관적인 논리를 전개하는 글이다. 따라서 원인과 결과, 주장과 논거를 제대로 엮고, 패턴과 흐름의 일관성을 유지하면서 납득할 수 있는 결론으로 나아가는 게 논술문 쓰기의 핵심이다. 아래의 예문을 살펴보자.

> 세속적인 욕망이든 정신적인 애정이든 사랑은 어쩔 수 없는 운명적인 힘이다. 사랑은 인간사를 뒤흔들어놓는 가장 강력한 힘이다. 사랑을 '신적(神的)'이라고 이해하는 것은 매우 적절하다. 예로부터 정신 가운데 가장 강력한 것을 '신(神)'이라고 불러왔기 때문이다. 신을 믿든 믿지 않든, 놀랐을 때나 화났을 때 '신'이란 말은 사람들의 입에서 종종 튀어나온다. 언제 어디서든 정신적으로 가장 강력한 힘을 신적인 것이라고 부른다. 이때 '신'은 인간과 대립하여 명확히 구분된다. 물론 신이나 인간은 모두 사랑을 같이 갖고 있다.
>
> 〈칼 융〉

설명문

'어떻게 그렇게 됐어?', '어떻게 하면 되는데?'라는 질문에 대한 답을 글로 쓰면 설명문이 된다. 그래서 설명에는 '~인 이유는', '~인 까닭은', '~인 것이다' 등과 같은 서술어가 많이 등장한다. 일상적으로 우리가 하는 말을 글로 옮겨 적으면 설명문이기 쉽다. 일상적으로 사정을 설명하고 다른 사람의 이해를 구하기 위해 말하는 경우가 많기 때문인 것 같다.

설명문은 비교하고 대조하거나, 실제 예를 들거나, 정의하고, 분류하고, 분석하는 형식을 취한다. 기본 목적은 정보를 전달해서 읽는 이가 이해하도록 만드는 것이다. 감정적이기보다는 중립적이고 이성에 호소하는 면이 강하다. 대표적으로 사전이나 안내서, 사용설명서에 나오는 글이 있다. 사건이나 정황을 알리고, 상호관계나 배경을 밝히며, 사태를 판단하고 추측하게 만드는 글은 대부분 설명문이라고 보면 된다. 보통 리포트나 보고서는 설명문 위주로 쓴다.

설명문을 잘 쓰려면 배열 순서를 지키는 것이 중요하다. 시간 순서든(먼저와 나중) 공간 순서든(여기와 저기) 논리 순서든(원인과 결과) 차례대로 써야 한다. 순서를 지키지 않고 제멋대로 쓰면 '횡설수설한다. 이해할 수 없다'는 반응을 얻을 것이다. 설명문이 잘 써지면 읽는 이는 '알겠다. 납득이 간다'는 반응을 보인다. 아래 예문을 참고해보자.

아리스토텔레스는 수사학의 기본도구로 로고스(logos), 에토스(ethos), 파토스(pathos) 세 가지를 들었다. 첫 번째 로고스는 논리를 바탕으로 한 주장이다. 사람의 머리, 즉 이성에 호소하는 것이다. 두 번째 에토스는 연설할 때 인격을 바탕으로 한 주장을 가리키는데, 글쓴이의 개성, 명성, 신뢰감을 바탕으로 하는 것이라고 할 수 있다. 사람의 직감에 호소하는 것이다. 세 번째 파토스는 감정을 바탕으로 한 주장으로 사람의 가슴에 호소하는 것으로 읽는 이로 하여금 공감하게 하는 것이다.

논술문과 설명문 사이, 설득하기

논술문과 설명문 사이에는 읽는 이가 내 입장에 동화되는 걸 목적으로 하는 글도 있다. 신문 논설과 같은 글이다. 정보를 설명하고 논거를 내세워 증명도 하지만(로고스), 더 깊은 곳엔 읽는 이와 공통으로 갖고 있을 입장, 태도, 정서라는 바탕(에토스)에 호소해 나의 주장에 동의하게 만들려는 목적이 있다.

이때 중요한 건 읽는 이가 글쓴이와 동질감(같은 그룹의 일원이라는 느낌)을 가질 수 있어야 한다는 점이다. 그렇지 않으면 아무리 훌륭하고 감탄스런 말을 들어도 설득이 되지 않는다. 에토스, 즉 공통된 가치관이나 서로가 같은 관습과 규범을 가졌다는 동질감을 바탕에 깔고 글을 전개시켜야 하는 것이다. 예를 들면 일본인이 한국인을 대상으로 어떤 주장을 글로 설득하려 한다고 가정할 때, 글쓴이는 비록 일본인이지만 가치관이나 역사관은 한국인 같다는 걸 글을 읽는 동안 은연중 느끼도록 만드는 게 바로 에토스를 형성하는 작업이다.

에토스는 다양하다. 같은 민족, 같은 사회구성원, 같은 세대, 같은 성별과 같은 에토스의 여러 기반을 고려해야 설득력 있게 글을 쓸 수 있다. 다음 예문은 논술문이라고 하기에는 논거를 충분히 밝히지 않은 주장이 주를 이루고 있어서 설득문으로 잡아보았다.

 자기 돌보기의 핵심은 감정의 힘을 믿는 것이다. 내가 긍정적인 감정을 가지려고 애쓴다면 현실에서도 긍정적인 결과를 얻게 된다. 이것은 자기 암시의 예언과 같다. 좌절감을 안겨주는 대화나 부정적인 말은 자신과 주변 사람들의 마음에 알게 모르게 영향을 끼친다. 분위기는 가라앉고 무기력해지며 무의미하다는 느낌이 퍼지면서 은연중 부정적인 기류가 형성된다. '오스로의 일화'가 있다. 오스로란 사람은 투르만스버그에서 죽게 될 것이라는 예언을 받았다. 어느 날 비행기가 기계 고장으로 불시착을 했다. 마침 그곳이 투르만스버그라는 말을 듣자 오스로는 그 자리에서 심장마비로 죽고 말았다는 내용이다.
 이처럼 부정적인 말이 쌓이다 보면 정말 그렇게 된다. 그러므로 어떤 일이 생기든 그 일을 문제라고 생각하기보다는 내게 주어진 기회라는 측면에서 해석하도록, 그런 버릇이 붙도록 의식적으로 노력해보자. 그러기 위해 말이나 글쓰기에서 수동적이고 부정적인 표현 대신 능동적이고 긍정적인 표현을 쓰고 말하면 좋을 것이다.

서사문

 움직임을 그리는 서사문은 '그래서 어떻게 됐는가?'라는 물음에 답하는 내용이다. 아라비안나이트는 서사문의 원형이다. 왕비 셰헤라자드는 샤리알 왕에게 다음이 궁금해지는 이야기를 해주지 못하면 목이 잘리도록 되어 있었다. 그처럼 서사를 내세우는 작가는 다음이 궁금해지는 이야기를 만들어내지 못하면 독자들로부터 외면당한다.

서사문은 행동의 연속을 기록하는 것이다. 다시 말해 연속된 시간을 한 축으로 해서 '전과 후에 행동과 사물, 상황이 어떻게 변해가는가?' 하는 게 내용이 된다. 시간에 따른 변화를 보여주는 형식인 것이다. 따라서 글 속에 최소한 두 개 이상의 시추에이션이 있어야 한다. 시추에이션을 정황이나 사건, 또는 현실이라고 불러도 좋다. 다음을 보자. 시추에이션들은 반드시 시간차가 있어 하나가 앞서고 하나는 그 뒤를 따른다.

젊은 귀부인은 미소를 띠며 호랑이를 타고 나갔다. (situation #1)

한 바퀴 돌고 돌아왔을 때 (두 정황의 연결에는 시간차가 이용된다.)

귀부인은 호랑이 뱃속에 들어 있었고 호랑이 얼굴엔 미소가 흐르고 있었다. (situation #2)

#1 귀부인이 호랑이를 탄 광경과 #2 귀부인이 호랑이에게 잡아먹힌 광경. 두 그림은 변화한 것이다. 변화된 차이가 서사문을 만드는 핵심이다.

또 하나 눈여겨 볼 것은 밑줄 친 부분이다. 사건이 벌어지거나 움직이는 과정이 서사문의 내용이라는 점이다. 이미 벌어져서 상황이 완료된 걸 이야기하면 설명문이 된다. 과거시제로든 현재시제로든 일이 진행되는 과정을 좇아가는 게 서사문이다. 대단한 사건이 아니어도 된다. 단순히 길을 걸어가는 사소한 움직임이라도 좋다. 심지어 생각이 머릿속에 오가는 미미한 움직임이라도 괜찮다. 어쨌든 움직임을 뒤쫓아 가면서 쓰면 된다. 때문에 서사문은 글이 시작된 곳과는 다른 곳에서 끝나게 마련이다. 시간이 흐르는 가운데 등장인물, 혹은 사건이 변하는 과정을 좇아간다고 생각하면 서사문은 쉽게 쓸 수 있다.

현재 진행의 서사문

이제까지 나를 시중하던 마부가 말에게 발을 밟혔기 때문에, 그를 수레 뒤에 실었다. 내가 손수 고삐를 붙들어 수레를 강에 띄웠다. 안장 위에 무릎을 구부리고 발을 모아 앉았다. 말에서 떨어지면 그대로 물에 빠질 것이다. 그러면 물은 내가 사는 땅과 같아질 것이다. 물은 나의 옷이 되고, 나의 몸이 될 것이다. 나의 마음도 물과 같아질 것이다. 마음속으로 갑자기 이런 판단이 서자, 마침내 내 귀에서 강물 소리가 그쳤다. 그리하여 강을 무려 아홉 번이나 건너면서도 두렵지 않았다. 그것은 마치 자리에 앉았다가 눕거나 일어서는 것과 같았다.

〈박지원, 열하일기〉

과거회상을 넘나드는 서사문

아아! 누님이 시집가던 날 새벽에 몸단장하던 모습이 흡사 어제 일만 같구나! 나는 그때 겨우 여덟 살이라 벌렁 드러누워 발버둥을 치면서 말을 더듬으며 점잔빼는 새 신랑의 말투를 흉내 냈다. 누님은 부끄러워하다가 그만 빗을 떨어뜨려 내 이마를 때렸다. 나는 화가 나서 울음을 터뜨리고 분가루와 먹을 뒤섞고 거울에 침을 뱉어 문질러댔다. 그러자 누님은 옥으로 만든 오리와 금으로 만든 벌 노리개를 꺼내 주면서 울음을 그치라고 나를 달랬다.

〈박지원, 죽은 누나를 기리는 제문〉

묘사문

'어떻게 생겼느냐? 어떤 상태인가?'라는 질문에 대한 답을 글로 쓰면 묘사문이 된다. 정지 상태인 그림을 글로 표현한, 글로 그린 일종의 스케치라고 여기면 적당하다. 따라서 묘사 대상은 스냅 사진 속 풍경처럼 정지해 있고, 그 정지된 대상을 관찰해 성질, 인상, 느낌 등을 글로 표현하면 된다.

사실이나 정보를 늘어놓는다는 점에서 설명문과 같다고 많이 혼동하지만, 설명문의 목적은 정보제공이고 묘사문의 목적은 표현대상의 인상을 표현하는 것이다. 여기서 인상 표현이란 대상의 성질이나 개성을 특정한 장면으로 그려낸다는 뜻이다.

묘사의 기본정신은 감정과 설명을 배제하고 대상의 지배적인 인상을 구체적으로 표현하는 데 있다. 읽는 이가 실제로 눈으로 보고 있는 듯 느끼도록 써야 한다. 백문불여일견(百聞不如一見)이라는 말처럼, 인간에게는 오감 중에서 시각으로 받아들이는 정보의 비중이 가장 크다. 인간은 정보의 70퍼센트 정도를 시각을 통해 얻는다고 한다. 그러다 보니 묘사문에선 '~로 보인다', '~인 듯하다'와 같은 시각 정보를 알려주는 서술어가 많이 쓰인다. 또 묘사문은 대상이 멈춰 있는 상태이므로 서술어로 '~있다', '~있었다'가 자주 쓰인다.

묘사문은 예술적인 글에 자주 사용되지만 일반 사회과학 분야의 글에서 사실이나 정황을 묘사할 때 사용되기도 한다. 설명, 설득, 논술이 의식 수준에서 받아들이는 이성적인 말의 나열이라면 묘사와 서사는 무의식 수준에서 작동하는 감각적, 암시적인 말의 나열이다. 다음은 정경 묘사로 시작되는 헨리 데이빗 소로의 수필 첫머리이다.

마음이 편안한 저녁이다. 온몸이 하나의 감각기관이 되어 모공 하나하나가 기쁨을 빨아들이고 있다. 나는 '자연'의 일부가 되어 신비스런 자유를 맛보며 자연 속을 오간다. 바람이 강하고 쌀쌀한, 흐린 저녁나절이다. 특별하게 마음을 끄는 무엇이 있는 것도 아닌데, 셔츠 한 장만 걸친 채 호숫가의 돌출성이 길을 걷고 있자니, '자연'을 구성하는 모든 원소들이 전에 없이 친숙하게 느껴진다.
황소개구리는 밤을 맞으려고 요란한 소리로 울고, 맞은편 기슭에서 우는 쏙독새의 노랫소리는 수면에 잔물결을 일으키는 바람을 타고 잔잔히 들려온다. 나는 바람에 술렁거리는 오리나무와 포플러나무 이파리에 대한 공감으로 숨이 막힐 것만 같다. 하지만 나의 평온한 마음은 호수를 닮았기 때문에, 물결은 조금 일더라도 크게 흔들리지는 않는다.

완전히 어두워졌다. 바람은 숲속에서 울부짖는 소리를 내고, 물결은 호숫가로 밀려오며, 살아 있는 생명들은 자장가를 불러 다른 생명들을 재우고 있다….

〈헨리 데이빗 소로, 월든〉

02 | 문장의 분류

글의 종류처럼 문장도 네 가지 형식으로 나눌 수 있다. 묘사문장, 서사문장, 진술문장, 대화문장이다.

묘사문장

묘사문장은 사물의 이미지를 그리는 것이다. 주로 구체적인 명사를 중심으로 '~이다', '~보인다'라는 서술어로 끝나는 경우가 많다.

묘사문장이 주된 문단의 예

새벽 첫 종소리에 나는 깨어났다.(서사문장) 새벽 두 시였으나 한밤중이나 다름없이 캄캄했다.(묘사문장) 수도사들은 부지런히 예배당으로 가고 있었다.(묘사문장) 이처럼 이른 시각인데, 살아있으면서도 죽은 거나 매한가지인 수도사들은 단조로운 일과를 시작하고 있었다.(묘사문장) 살아 있으면서도 죽은 거나 매한가지라는 말에는 싸늘한 명상이 담겨 있다.(설명문장).……내가 자유롭게 꿈꾸고 자유롭게 방랑하고 자유롭게 사랑할 수 있다는 사실에 나는 하나님께 감사드렸다.(서사문장)

〈스티븐슨, 당나귀와 함께 한 세벤느 여행〉

서사문장 혹은 서술문장

인물의 행위나 운동을 보여주는 내용이 들어 있다. 동사가 문장의 핵심역할을 한다. 움직임을 나타내 이야기가 흘러가도록 만들어준다.

서사문장이 주된 문단의 예

태극기를 흔들며 우렁차게 대한독립만세를 외쳤다. 거리로 행진하려고 출입구 쪽으로 몰려갔다. 이미 경찰이 와서 막고 있었다. 학생복 차림으로 먼저 들어와 있는 형사들도 꽤 되었다. 한순간 테츠오와도 시선이 마주쳤다. 그는 씩 웃어보이곤 다시 팔을 번쩍 들고 만세를 불렀다. 어지러운 호루라기 소리와 함께 순사들이 우르르 몰려들어 곤봉을 휘두르기 시작했다. 사람들이 맞고 쓰러졌다. 만세소리는 더욱 커졌다. 학생들은 각목을 들고 저항하기 시작했다. 형사들이 짝지어 다니며 학생들을 붙잡아 끌어냈다. 동료의 연행을 막으려고 학생들도 맞붙어 싸웠다. 순사들의 곤봉과 학생들의 각목이 어지럽게 날아다녔다.

진술문장 또는 설명문장

글쓴이의 생각, 판단 혹은 일반적인 상식이나 보편적인 원리를 말하는 내용이 들어 있다. 대개는 '~이다'라고 확정지어 말하는 문장이 되기 쉽다. 또는 내용을 재차 말하듯이 '~인 것이다', '~이기 때문이다'라는 서술어가 붙어 있는 경우도 많다.

진술문장은 가치 판단을 얼마나 설득력 있고 간결하게 내놓느냐가 핵심이다.

"남이 나를 알아주지 않는 것을 근심하지 말고 내 능력이 부족한 것을 걱정하라." (공자)

진술문장은 읽는 이가 생각할 거리를 안겨주는데, 보편적이고 상식적인 의미가 담기도록 잘 압축하거나 대구(對句)나 대조법으로 맛을 살리면 기억에 오래 남는다. 꼭 대조법은 아니더라도 자신의 생각을 압축적으로 표현해보는 것도 좋다.

"인생은 비스킷 깡통과 같다." (영화 〈포레스트 검프〉)
"사랑은 딸기쇼트케익 같은 거예요." (무라카미 하루키의 『노르웨이의 숲』)
"내가 생각하는 바, 선한 인생이야말로 행복한 인생이다. 그것은 선하면 행복할 것이라는 뜻이 아니라 행복하면 선하게 행동할 것이라는 뜻이다." (버트런드 러셀)

수필이나 어떤 이야기를 오래 기억하게 되는 것은 이처럼 독특한 진술문장 덕택이기도 하다. 잘 만든 진술문장은 아포리즘(경구)이라고 하여 명언집에 들어가거나 널리 회자된다.

진술문장이 주된 문단의 예

나는 어떤 장소로 가기 위해 여행하는 게 아니라, 그저 가는 것 자체가 좋아서 여행한다. 나는 여행 자체를 위해 여행하는 것이다. 중요한 것은 이동한다는 사실이다.
〈스티븐슨, 당나귀와 함께 한 세벤느 여행〉

대화문장

보통 큰따옴표와 행갈이로 표시되는 직접화법으로 쓴 대사를 가리킨다. (간접화법은 작은따옴표로 행갈이 없이 문장 중에 들어가는데 직접화법보다 눈에 덜 띄고 덜 강조된 내용이다.) 대화문장을 쓰면 글쓴이가 자신의 관점만을 주장하지 않고 객관적인 면도 포함했다는 인상을 준다. 또 대화문장은 생생한 현장감도 살릴 수 있다. 인물의 성격을 드러내는 수단이 되기도 한다.

직접화법의 대사로 인물의 성격과 분위기를 살린 예

교구 신부와 사령관은 요즘 사회분위기가 험악하다며 깊은 한숨을 쉬었다.

내가 말했다.

"의견이 완전히 일치하지 않는 사람하고는 무슨 말을 못할 정도잖아요. 꼬투리만 잡히면 성내고 발끈해서 반박하니까 말이죠."

두 사람은 그런 태도는 기독교 정신에 어긋난다고 응수했다. 이렇게 서로 맞장구치면서 대화를 이어갔는데, 어쩌다 내 혀가 잘못 돌아 강베타(프랑스 정치가)가 온건하다고 칭찬하고 말았다. 늙은 군인의 얼굴에 갑자기 피가 확 몰렸다. 버릇 나쁜 아이처럼 두 손으로 탁자를 쾅하고 내리쳤다.

"뭐가 어째?"

그가 소리쳤다.

"뭐가 어째? 강베타가 온건하다고?"

〈스티븐슨, 당나귀와 함께 한 세벤느 여행〉

묘사문장이 계속되면 공감은 끌어내지만, 흐름이 정체되어 지루해질 수 있다. 서사문장만 계속되면 흐름이 빨라서 흥미롭지만 감정이입을 하도록 만들기가 어렵다. 그러니 필요에 따라 적절히 섞어 쓰는 게 좋다.

수필에선 인생에 대한 성찰이 담긴 진술문장을 만들어서 넣는 것도 중요하다. 진술문장, 즉 생각은 실체가 아니므로 묘사문장 사이에 살짝 한 문장 정도 짧게 요약해서 정의 내리듯 배치하는 게 요령이다. 예를 들어 시각적으로 강렬한 세부묘사를 담은 문장들 사이에 설명을 끼워 넣으면 생생하고 자연스러우면서도, 핵심표현에 밑줄을 쳐놓은 것처럼 생각이 모아져서 의미가 강조된 인상을 남길 수 있다.

작가들은 알고 있는 기본 규칙

05. 스토리텔링과 서스펜스의 비결 엿보기

TV 광고를 보다가 트렌드가 바뀌고 있다는 걸 실감한 적이 있다. 어여쁜 여배우가 하얗고 고급스런 스웨터를 들고 나타나 신상 드럼세탁기 옆에 섰다. 그녀는 추억에 젖은 감미로운 목소리로 말한다.

"서른 살 생일선물로 그이가 사준 값비싼 캐시미어 스웨터. 나는 오래오래 처음 그대로 입고 싶어서 ○○ 세탁기로만 빨아요."

대충 이런 멘트였다. 놀랍기 그지없었다. 그전까지 세탁기는 수중강타니 회오리물살이니 회전력이 좋아서 세탁이 잘된다고 자랑하는 광고가 전부였다. 그런데 성능을 내세우는 대신, 세탁기에 얽힌 생활의 한 장면을 구체적으로 조곤조곤 들려주고 있는 것이다. 패러다임이 거대담론에서 미세담론으로 변하고 있다고들 했다.

그 후 눈여겨 살펴보니 어떤 상품, 어떤 장소, 심지어 사람까지도 스토리가 붙어야 대중이 알아주고 기억해주는 풍조가 불고 있었다. 아마 영국의 오디션 프로그램에서 초라한 외판원이 가수왕이 된 것도 그 무렵이었을 것이다. 키 작고 못생기고 가난한 폴 포츠에겐 스토리가 있었다. 우리 식으로 말하자면 칠전팔기(七顚八起), 인생역전의 성공담이 성자들 후광처럼 그의 머리 뒤에서 빛나고 있었다. 스토리의 후광에 힘입어 그는 가수로서 세계적인 명성을 얻었다.

이제 인기에 의존하는 연예인뿐 아니라 대부분의 문화상품들이 스토리텔링 기법을 쓰게 되었다. 문화유적지에 가면 으레 문화해설사가 나타나 그곳에 얽힌 역사 이야기를 들려준다. 역사 서적이나 자료에 있는 설명을 가공해서 설화나 소설, 심지어는 드라마처럼 꾸민 내용인데, 잘 살펴보면 사료적 기록과 정확히 일치하지 않는 내용도 꽤 있다. 흥미를 끌기 위해 있는 자료에서 유추해 그럴듯하게 지어낸 팩션(faction)인 경우가 많은 것 같다. 그러나 사람들은 이야기를 통해 그 유적지에 관심을 갖고 기억한다.

상대가 귀 기울이게 만들고 공감하게끔 이야기로 펼치는 방법을 요즘은 스토리텔링이라고 하지만, 원래는 '이야기하기'라는 글쓰기의 오래된 기법이다. 문예창작학과나 소설창작 교실에서 가장 먼저, 가장 힘주어하는 충고가 '텔링(telling)하지 말고 쇼잉(showing)하라'는 것이다. 설명하지 말고 줄거리가 딸린 정황으로 느끼게 하라고 한다. 이 기법으로 써야만 읽는 이를 사로잡아 마음을 움직일 수 있다는 것이다.

01 | 줄거리가 있는 이야기하기, 스토리텔링

스토리텔링의 기본은 앞장에서 설명한 서사와 묘사를 필요한 곳에 얼마나 적절하게 섞어서 쓰느냐 하는 것에서 출발한다.

스토리텔링을 하려면 일단 이야기를 만들어야 한다. 이야기란 전체로 보면 시작, 중간, 결말이 있다. 생각한다는 건 어떠한 전제에서 시작하여 과정을 거쳐 결론으로 나아간다는 소리다. 그러므로 '이야기하기'란 생각이 흐르는 물길을 따라 시작하여 중간을 거쳐 결말에 이르는 것이다. 중간에 갈등이 있으면 이야기가 흥미진진해진다. 이야기가 시작되기 이전의 조건이나 미리 발생한 사건들, 이야기가 시작된 후에 벌어진 사건들이 서로 얽혀 갈등이 만들어진다. 그렇게 얽힌 갈등을 풀어가는 과정이 중간이고 갈등이 해결되는 것이 결말이다.

이야기를 만들 땐 두 가지 출발점이 있을 수 있다. 하나는 어떤 사건이나 어떤 일화(에피소드)로부터, 또 하나는 어떤 인물로부터이다. 사건이나 일화에서 시작하는 경우엔 그 일화가 발생한 이유를 상상해서 시작으로 삼고, 그 일화를 과정으로, 그 일화의 뒷이야기를 결말로 삼으면 된다.

"동네 전봇대며 담벼락에 고양이를 찾아주면 사례하겠다는 광고쪽지들이 붙어 있다. 그런데 사례라는 낱말 밑에 뱅만원이라는 맞춤법도 안 맞는 글씨가 삐뚤빼뚤 써져 있다."

 이 광경을 보고 상상이 부풀어 올라 이야기를 만들어낸다면 어린 소년이 고양이를 잃고 찾아다니기까지의 사연을 이야기의 시작, 실마리로 삼을 수 있을 것이다.
 어떤 인물로부터 이야기를 시작한다면 우선 그 인물의 캐릭터를 생각해야 한다. 그 인물이 가장 바라는 것이 무엇일지 정한다. 그런 다음 원하는 것을 얻으려 한다고 가정했을 때 그걸 얻지 못하도록 방해하는 것은 무엇일까?(그럴싸한 것을 찾지 못하면 심술궂은 계모나 라이벌, 테러집단 같은 악의 축을 등장시키게 마련이다.) 방해요소를 정해 그것과 만나는 데서 이야기를 시작하면 된다. 방해요소를 넘어서기 위해 이렇게 저렇게 애쓰는 과정이 이야기의 전개가 된다. 그리고 원하는 것을 얻거나, 얻지 못한 결과가 결말이다.
 이야기의 기본 골격이 잡혔다면 다음은 구체적인 스토리텔링 기법이다. 일단 서사문장들을 차곡차곡 쌓아서 이야기를 흐르게 한다. 이야기를 진행할 때는 애매모호한 표현이나 실제 생활과 거리가 먼 일화, 설명, 현실과 동떨어진 느낌을 주는 추상적인 내용은 과감하게 내버린다.
 이럴 때는 서스펜스가 중요하다. 서스펜스는 읽는 이로 하여금 글에서 눈을 떼지 못하고 몰두하게 한다. 서스펜스를 만들려면 글의 골격이 되는 서사문장의 시간순서를 정확하게 지키면서 나열하는 게 핵심이다. 복선을 깐답시고 나중에 일어날 결과를 미리 힌트처럼 이야기하거나 정보를 흘리는 건 최악이다.

빠르고 간결하게, 그러면서 친절하고 자세해야 한다. 간결함은 이야기를 이어갈 때 지켜야 할 자세다. 거추장스러운 것, 상관없는 것은 과감히 생략한다. 자세함은 서사문장에서 행동을 구체적으로 콕 찍은 말로 표현하거나, 감정이입이 필요한 묘사문장을 쓸 때 구체적인 것들을 세세하게 언급한다는 소리이다.

간결함과 자세함. 이 두 가지는 상반되는 것 같지만, 글을 쓸 때 꼭 필요하며 쓰이는 곳도 각각 다르다. 잘 구분해서 간결할 곳은 간결하게, 자세해야 할 곳은 자세하게 쓰는 것, 적재적소에 맞게 기법을 활용하는 것, 그것이 스토리텔링의 비결이다.

스토리텔링의 요소를 정리하자면 7가지를 들 수 있다.
(1) 구체성
추상적이고 모호한 사실이나 일반적인 원칙을 이야기할 때는 언제나 실생활에서 자주 보는 행동이나 자주 접하는 물건과 연결지어서 보여준다.
(2) 감각적인 표현
모든 표현 대상은 냄새로 맡아지고 눈에 보이고 맛으로 느껴지고 소리로 들리고 촉감으로 만져지는 것처럼 그림으로 그려야 한다.
(3) 간결성
스토리가 시작되는 부분에선 특히 더 간결성이 요구된다. 그 이야기를 왜 하는지, 왜 그 이야기를 끝까지 읽어야 하는지 알 수 있도록 명료하지만 간결한 그림을 제시하면서 시작해야 한다. 이야기를 하는 동안 주제나 핵심표현과는 별 상관없는 세부사항(디테일)이나 모호한 일화는 과감하게 생략하도록 한다. 또 등장인물들을 살펴서 단순한 조연급(이야기에 꼭 필요하지 않은) 인물이나 사실, 그리고 지나치게 자세한 내용은 최소한도로 줄여야 한다.

(4) 자세함

이야기는 간결해야 하지만 핵심적인 부분에선 세부사항을 자세하고 친절하게, 차분하게 차근차근 늘어놓아야(묘사해야) 한다. 묘사할 땐 심호흡을 하고 느리게 가겠다고 작정하면 잘 쓸 수 있다. 읽는 이가 현장에서 직접 경험하는 것처럼 느끼도록 감각에 의지해 생생하게 묘사해야 한다. 눈뿐 아니라 나머지 감각기관도 다 동원할 수 있다면 더욱 좋을 것이다.(시각 외 청각, 촉각, 후각, 미각)

(5) 서스펜스

스토리텔링에 빠져들게 하고 싶다면 다음이 궁금해지도록 만들어야 한다. 즉 이야기가 긴장되게 흘러가야 하는 것이다. 그러려면 서스펜스를 유지하는 것이 비결이다. 다음은 어떻게 될까? 하는 질문이 일도록 시간을 조금 들여서 풀어야 하는 미스터리나 언뜻 봐서는 빠져나가기 어려울 것 같은 딜레마를 보여주는 것도 좋다. 보통 기대함직한 것을 예상해서 다른 식으로 비틀기도 한다. 대단하지는 않더라도 이런 사소한 기대와 긴장이 계속 관심을 기울이도록 만든다.

(6) 생생함

특정한 행동이나 사건을 생생하게 묘사해야 한다. 극적인 장면으로 재현하여 마치 눈앞에서 일이 벌어지고 있는 듯한 느낌을 살릴 수 있다면 더욱 좋다. 이야기가 생생할수록 읽는 이는 실제로 그 일을 경험하는 것처럼 느끼고, 그런 일이 또다시 일어날 수 있다고 믿는다. 그것이 마음을 움직인다. 너무나 생생해서 자신에게도 그런 일이 일어날 수 있다고 여겨지기 때문에 감동이 생기는 것이다.

(7) 직접성

같은 농담이라도 내가 그 현장에서 직접 보고 듣고 경험한 것처럼 이야기하면 더 재미있어진다. 따라서 스토리텔링은 가급적 1인칭으로 하도록 한다.

1인칭 서사는 특별한 힘을 갖고 있다. 대체로 1인칭 글은 가까운 친구가 귓속말로 내밀한 속내를 이야기하는 분위기를 풍긴다. 글쓴이와 읽는 이가 특별한 사이인 듯 친밀감을 느끼게 만든다. 그러다 내 경험을 넘어선 일반론을 펼치면 분위기가 어색해지는 문제점은 있지만, 1인칭으로 이야기하면 믿기 어려운 것을 믿게 되기도 한다. 따라서 누구에게 전해들었다고 하기보다 자신이 직접 겪은 일인 양 말하는 것이 스토리텔링의 방편일 수 있다. 수필에서는 소재의 과장과 왜곡이 픽션의 서사처럼 허용되지는 않으나, 어느 정도까지는 이런 기법을 쓸 수 있다.

또 너무 믿기 어려운 진기한 이야기라면 '어디선가 많이 들어본 이야기일 것이다.'라는 말을 이야기의 시작, 중간, 끝 중 어디든 티나지 않게 슬쩍 덧붙인다. 그 이야기가 주변에서 자주 일어나는 일인 것 같은 인상을 주어 읽는 이가 쉽게 받아들이게 만들 수 있다.

스토리텔링의 비결 1 : 구체적인 삶의 정황으로 이야기한다.

특정한 상황을 말로 그림 그리듯 함으로써 구체적인 이미지가 머릿속에 떠오르게 한다. 생생한 광경을 말로 그려 구체적인 이미지로서 이야기가 살아 움직이게 만드는 것이 스토리텔링의 핵심이다. 읽는 이에게 강조하고 싶은 핵심적인 내용은 시각적인 이미지로 제시해야 쉽게 받아들이고 오래 기억에 남는다.

A) 내가 첫 번째 회사에서 다른 회사로 이직을 하던 때가 생각난다. ①우연찮게 찾아온 이직의 제의는 내게는 기회와 유혹의 2가지 의미로 찾아왔다. 새로운 기회가 오는 것 같았다가도 현재 충분히 만족하는데 그저 돈만 보고 갔다가 고생만 하는 건 아닌가 하는 유혹 같기도 했다. 많은 보수와 마음 편한 안정감 사이에서 ②한 달을 고민했다. 이런 제의가 오기를 바라기도 했었는데 막상 다가오니 현재의 안정감을 버리는 일은 큰 후회가 될 것만 같은 미련이 나를 힘들게 했다.

나는 많은 지인들에게 여론조사를 했다. 각양각색의 답이 나왔다. 내 마음은 계속 왔다갔다를 반복했다. 자신과 대화를 했다. 반반이었다. 매듭이 없는 고무줄처럼 고민은 끝이 없었다. 결론을 내줘야 하는 시간은 다가왔고 나는 불면증, 소화불량, 예민함과 짜증을 덤으로 얻었다. 실패하고 싶지 않았다. 어떤 선택을 하든 실패가 될까 두려웠다. 미련과 후회도 무서웠다. 누군가 나 대신 선택해주기를, 아니 상황이 어떤 결과를 내게끔 되기를 바랐다. 그럼 그 누구를 원망할 수 있어서였을까.

결국 나는 여론조사의 결과 중 많은 쪽으로 ③결정했다. ④결정 후에도 괴로움은 계속 되었다. 잘하는 결정인가 하는 불안함이 나를 끊임없이 괴롭혔다. 괴로움의

치유는 새로운 생활에 대한 적응기간이 해주었다. 그리고 또 그 생활들에 ⑤적응을 해 나갔다. 그렇게 살아졌다. 선택이 좋았던 것인지, 적응하느라 잊혀진 것인지는 지금까지도 모르겠다.

예문 A)에 대응하는 다음의 예문 B)를 보자. 로버트 프로스트의 「가지 않은 길」이란 시를 산문으로 바꿔 써본 것이다. 앞의 예문과 같은 내용을 이야기하고 있지만 차이가 있다. 비교해보고 어떤 차이인지 생각해보자.

B) 노란 숲속에는 길이 두 갈래로 갈라져 있었다. 안타깝게도 나는 두 길을 다 갈 수가 없었다. 오랫동안 서서 구부려져 덤불 속으로 한 쪽 길을 볼 수 있는 한 최대한 멀리까지 살펴보았다. 그리고는 비슷하게 아름다운 다른 쪽 길을 택했다. 그 길이 풀이 더 무성했고 사람들의 발자취가 적었기 때문이다. 그러나 내가 걸어보니 그 길도 다른 길과 별로 다르지 않았다.
그 날 아침 두 길은 아무도 밟지 않은 듯 낙엽이 수북이 덮인 채로 뻗어 있었다. 나는 언젠가는 다른 한쪽 길도 가보겠다고 기약했었다. 이 선택 지점으로 다시 돌아올 수 있을지 의심스러웠지만. 그러나 길은 길에 잇달아 끝이 없었다.
먼 훗날 나는 어디선가 한숨 쉬며 이야기할 것이다. 숲속에는 두 갈래 길이 갈라져 있었다고. 나는 사람이 적게 간 길을 택하였다고. 그것으로 인해 모든 것이 달라졌다고.

예문 A)와 B)의 차이점을 개괄적으로 말한다면 다음과 같을 것이다.

1. 선택으로 인해 갈등이 일어난 국면

    B)는 숲에 난 두 갈래 길이라는 구체적으로 그려져 있다.

    A)는 이직 제의를 받고 갈등하게 되었다고 진술했을 뿐이다.

2. 갈등하고 고민하는 정황

    B)는 '오랫동안 서서…… 최대한 살펴보았다'는 구체적인 행동이 그려져 있다.

    A)는 '한 달 간 고민했다'고 추상적이고 개괄적으로 설명했을 뿐이다.

3. 선택 이후에 느낀 미련을

    B)는 구체적으로 그려져 있다. '언젠가 다른 길도 가보겠다……'

    A)는 불안이 나를 괴롭혔다고 추상적인 진술을 하고 있다.

따라서 A)는 설명 혹은 진술문장들로 이루어진 글이어서 몇 마디 말로 요약하는 게 가능하다. "이직할 때 선택하기 어려워 고민했다"라는 한 문장 안에 내용이 충분히 다 담긴다. 그런데 B)는 주제는 말할 수 있어도 글이 그린 구체적인 정황을 몇 마디 말로 요약할 수 없게 쓰여 있다. 선택의 망설임을 양쪽 다 걸어보고 싶은 숲길에 빗대어 표현해서 누구나 쉽게 실제상황으로 느껴지게끔 이야기의 뼈대를 세웠고, 더하여 눈으로 보는 듯한 이미지로 형상화했다.

추상적인 설명문장 위주로 쓰인 A)를 스토리텔링으로 고쳐 쓴다면 번호를 붙인 부분에서 충분히 뜸을 들이면서 묘사문으로 바꿔야 한다.

번호를 붙인 ①부터 ⑤까지는 모두 장면으로 표현할 수 있는 내용들이다. 이 글의 핵심은 선택하게 되어 고민을 했다는 것, 결정했으나 후회가 남더라는 것이다. 그러므로 이직 제의를 받는 장면 ①이나 고민하는 모습을 그리는 ②, 둘 중 하나는 장면묘사로 그려서 글쓴이가 느끼는 유혹과 망설임을 읽는 이도 느낄 수 있도록 생생하게 쓰는 게 좋다.

장면묘사를 잘 하려면 미리 세팅을 한 다음 써야 한다. 장소, 때, 등장인물, 상황을 고정하여 머릿속에 장면을 떠올린 다음 장면을 써야 한다. 필요하다면 장면 안에서 벌어지고 있는 일을 좇아가며 쓰기도 한다. 희곡의 앞부분에 나오는 설정처럼 머릿속에 세팅하고서 쓰면 쉽다.

결정한 ③을 간결하지만 구체적으로 쓰고, 결정한 후에도 괴로워했던 ④와 그래도 어쩔 수 없었던 ⑤도 감정이 생생하게 느껴지는 장면으로 묘사하면 좋을 것이다.

스토리텔링의 비결 2 : 이야기가 시작되는 상황을 명료하게 그린다

장면을 간결하면서도 선명하게 그려 현장에서 직접 경험하는 듯 실감나게 만든다. 그래야 읽는 이의 머릿속에 그림이 자리 잡고 그게 앞으로 어떻게 변해갈지 궁금해져 글에 집중하게 된다. 모든 글은 첫머리가 중요하다. 첫머리는 상황이 그려지는 장면으로 쓰도록 한다. 먼저 사실들을 충분히 늘어놓은 다음 나의 판단이나 의견, 소감을 쓰는 것이다.

원글

①2시에 있을 회의 자료가 완성되지 않아서 ②점심도 거른 채 문서와 씨름하고 있었다. ③'딩동댕동 CPCR 코드블루 신관 지하1층 중식당.' ④온 신경이 문서에 집

중되어 주위 소리가 들리지 않았는데, ⑤이 CPCR 방송 소리가 귀를 파고들었다. ⑥옆자리 동료와 "아이구, 중식당에서 쓰러졌으면 환자가 아니라 내원객이겠지?, 응급실에서 뛰어갔겠지?, 살았으면 좋겠네"하며 걱정스런 마음을 나눴다. ⑦나는 간호사이지만 병동이 아닌 의료정보실에서 일하고 있다. ⑧이 부서로 오기 전, 종양내과 병동에서 생사를 넘나드는 사람들과 5년 동안 함께했었다. ⑨멀쩡히 앉아 있다가도 갑자기 쓰러지는 사람, 산소수치가 급격하게 떨어지며 의식을 잃는 사람 등 언제 생명의 끈을 놓을지 모르는 사람들과 함께하다 보니 누가 생사의 경계에 있다는 CPCR 방송은 반사적으로 몸을 움직이게 하는 소리가 되었다. ⑩병동을 떠나온 지 5년이 된 지금도 '딩동댕동' 소리에 몸이 찔끔하며 병동의 기억이 되살아난다.

장면묘사로 그리는 글로 바꾸려면 문장을 다음 순서로 재배치하면 좋겠다.

⑦ → ② → ③ → ⑤ → ⑥(대화는 독립된 행으로 처리하여 드라마 대본 식으로 쓴다) → ⑧ → ⑩

⑨는 다음 문단으로 옮겨 상세하게 그릴 목적으로 이 문단에선 생략하고 ①과 ④는 불필요하거나 중복이므로 빼는 게 낫다. 이 순서에 따라 다시 쓰면 다음과 같다.

수정한 글

나는 간호사로 의료정보실에서 일한다. 점심도 못 먹고 회의에 쓸 문서를 만들고 있는데 딩동댕동 하더니 방송이 흘러나왔다.

"CPCR 코드블루 신관 지하1층 중식당."

위급한 환자가 생겼다는 뜻이다.

그 방송은 바쁜 내 귀를 유난스럽게 파고들었다. 나는 옆의 동료에게 말을 던졌다.

"중식당에서 쓰러졌다니 내원객일까?"

동료도 바쁘게 움직이면서도 무심히 대꾸했다.

"응급실로 갔겠지. 살면 좋겠네."

이곳에 오기 전, 나는 종양내과에서 일했었다. 거기엔 수시로 생사를 넘나드는 환자들이 있었다. 떠나온 지 5년이 지난 지금도 딩동댕동하는 벨소리엔 나도 모르게 움찔하며 그때 일들을 되살리곤 한다.

스토리텔링의 비결 3 : 글의 핵심 내용을 미리 제시하지 않는다

첫머리에서 미리 개괄적인 결론이나 감상을 내놓지 않는다. 미리 규정하는 말은 읽는 이의 김을 빼서 긴장을 잃게 만든다. 일이 진행되는 전후관계를 순서에 따라 나열한다. 나아가 감정을 표현할 때는 감정 자체가 아닌 감정이 표현되는 구체적인 행동으로 쓴다. '기뻤다'보다는 '웃었다', '슬펐다'보다는 '눈물을 흘렸다'가 더 실감나는 표현이다.

작년 여름 파리에서의 일주일은 내 생애 가장 ①행복한 날이었다. ②즐거운 경험을 했고 남자친구를 만나 사귀게 되었다.

나와 함께 단체 여행한 일행은 파리에서 이틀을 머물다 한국으로 돌아갔고, 난 혼자 일주일을 더 머물렀다. 난 즉흥적이고 기분파라서 여행을 갈 때 세부적인 것까지 정해놓진 않는 편인데 이건 좀 심했다 싶을 정도로 어려웠다. ③숙소조차 예약을 해놓지 않은 것이다. 설상가상 핸드폰까지 잃어버려 묵으려고 했던 한인민박집 위치를 찾는 데 무거운 배낭을 메고 한 시간을 헤매는 등 애를 먹었다. 그렇게 ④파리에서의 일주일은 시작부터 예상치 못한 방향으로 전개되었다. 첫날은 지도에 의지해서 시내 곳곳을 돌아다녔다. 단체여행에서 가보지 않은 곳을 골라 찾아다녔다. 일부러 골목으로만 다니다가 길을 잃어버려 버스를 타고 시내 중심으로 돌아올 수 있었다.

그렇게 ⑤특별할 거 없이 하루가 지나고 숙소에 와서 동갑내기 커플과 얘기를 나눴는데 내일 현지여행사에서 하는 근교 투어를 간다고 했다. 어? 나도 그 투어에 가는데!

다음날 아침 우린 함께 여행사 버스에 올랐다. 가이드 언니가 4명씩 한 팀을 지어 다니게 했는데 나처럼 혼자 투어를 신청한 사람이 있어 짝을 맞출 수 있었다. 그 남자도 나와 동갑이었다. ⑥동갑내기 커플은 다음날 한국으로 돌아갔고, 한 팀이 된 그와는 앞으로 일정이 겹치는 남은 2일간을 함께 다니기로 했다. 엊그제 단체여행 때 갔던 곳을 ⑦그와 단둘이 다시 가기도 했는데 느낌이 너무 달랐다. 그 짧은 시간에 난 ⑧그에게 반해버린 것이다. 먼저 고백을 해 본 적이 없는 난 그가 먼저 말을 꺼내주길 바랬고 그는 한국으로 가기 전날 밤 내게 고백을 했다.

위의 예문은 좀더 구체적으로 스토리텔링한다면 누구나 흥미를 느낄 내용이다. 그런데 너무 간략하게 용건만 서술해버렸다. 일단
①번 행복한 날이라고 했으니까 뒤이어 ②번의 즐거운 경험이라고 부연하

는 건 생략하는 게 좋다. 그래야 호기심을 끌 수 있다. 그냥 남자친구를 사귀게 되었다, 라고 말하는 정도로 충분할 것이다.

④번 문장을 먼저 쓰고 곤경의 내용인 ③번을 늘어놓는 게 좋을 것이다. 숙소를 예약하지 않은 것, 핸드폰을 잃어버린 것, 민박집을 못 찾아 헤맨 일, 지도만 보면서 혼자 관광하다 길을 잃은 경험 등을 순서대로 죽 늘어놓는 것이다. 거기에 곤경을 겪으면서 외로웠던 심정을 암시한다면 뒷부분에 남자친구를 사귀게 된 사건의 복선이 되어 이야기가 탄탄해진다.

이미 ③번으로 그를 만나기 전의 하루가 충분히 그려졌을 터이니 ⑤번 '특별한 거 없는 하루'라는 글쓴이의 판단이 들어있는 수식어구는 생략하자.

⑧번 그에게 반했다는 사실을 실감나게 하려면 ⑥번 부분에 그 남자의 인물묘사를 하고 함께 근교투어 할 때의 내 느낌을 쓴다. 그리고 ⑦번이 누구나 흥미를 느낄 내용이므로 구체적으로 정황을 그리도록 해보자. 느낌이 다르다는 말은 막연하다. 그러니 만약 몽마르뜨에 갔다면 몽마르뜨 언덕을 오르면서, 혹은 언덕 위 광장에서 그는 어떤 행동을 했고 나는 어떻게 반응했으며 그때 그 풍경이 내게는 어떻게 보였다든지 하는 식으로, 주절거린다 싶을 정도로 상세하게 늘어놓는 것이다. 그런 묘사 가운데 그의 개성이 드러나고 나의 설렘이 드러나야 읽는 이가 ⑧번 반했다는 말에 공감하게 된다. 그의 고백을 기다리고 결국 사귀자는 말을 듣게 되기까지 덧붙여진다면 재미있는 글이 될 것이다.

스토리텔링의 비결 4 : 드라마식으로 행동을 순차적으로 서술하고 핵심은 세밀하

게 그린다

드라마식으로 쓴다는 말은 사건이 시작해서 끝나기까지 이어지는 행동들을 순서에 따라 분명하게 쓴다는 뜻이기도 하다. 그래야 이야기의 뼈대가 살아서 읽는 이가 같이 이야기를 따라간다. 행동은 이야기의 뼈대가 되므로 시간 순서를 명확히 지키면서 필요한 곳마다 집어넣도록 한다.

①용하다는 역술가를 만나려고 전화를 걸어보았다. 수화기 너머로 카랑카랑한 목소리의 남자목소리가 들렸다. 월곡동의 한 아파트로 오면 된다고 했다.
②날을 잡아서 찾아갔다. 그는 2평 남짓한 방안에서 조그만 앉은뱅이책상을 마주하고 앉아 있었다. 이미 기다리고 있는 사람도 4명이나 되었고 1명은 상담 중이었다. ③나는 거실에 앉아 기다렸다. 둘러보니 온갖 신문과 책, 빨래가 널려있었다. 베란다 쪽을 보니 형형색색의 속옷들이 널부러지듯 걸려있었다. 손님들도 드나드는 영업장소인데, 참 무던하다는 생각이 들었다.
④내 순서가 되어 마주 앉았다. 이름과 생년월일, 시를 말하자 그는 책을 뒤적이며 사주를 적기 시작했다.
⑤방도 거실과 마찬가지로 어지러웠다. 책과 신문들 종이조각들이 빽빽이 들어차 있었다. 손때가 묻은 빛바랜 종이 노트들인 듯 했다. 얼마나 뒤적였는지 진한 황토색 책장들은 삭아서 너덜거렸다. 펼쳐진 채 늘어놓인 책들마다 빨간색 사인펜으로 줄을 그어놓았다. 그는 내용들을 거의 다 외우다시피 한다고 했다. 아까워서인지 오랜 집착 때문인지 오래전 받았던 편지봉투 한 장까지도 내버리지 못한다고 했다. 또 한쪽에는 그동안 다녀간 사람들의 관상풀이를 메모해놓은 종이들이 수북했다.

기인이라는 느낌이 강하게 왔다. 왠지 믿음이 생겼다. 돈 때문이 아니라 좋아서 하는 거란 확신이 들었다. 심지어 작은 앉은뱅이책상 하나 끼고 앉아 평생을 저렇게 산다는 사실에 존경심까지 생겼다.

⑥그가 말해주는 관상풀이는 몇 가지가 들어맞았다. 하나 틀린 게 있어 지적하자 그 남자는 호통을 쳤다. 왜 날 무시하냐, 내가 대통령이라면 그렇게 말하는 중간에 끼어들 수 있겠냐고 했다. 핼쑥한 70대 노인의 얼굴이 잔뜩 일그러져 있었다. 말에 비약이 심하다 싶다가도 그럴 수도 있겠다 싶기도 했다. 나는 얼른 사과했다. 관상을 제대로 보기 위해 아닌 건 아니라고 얘기했을 뿐이라고. 곧 화가 풀리는지 목소리가 누그러지고 이어서 여러 가지 풀이를 들려줬다. 이름을 바꾸라고 했다. 바꿔야만 하는 이유가 심상치 않았다. 이름도 바꾸기로 결정했다.

⑦며칠 뒤 새 이름이 나왔다. 주변에선 한자가 잘못 쓰였다고들 했다. 다른 작명집에 가서 확인해보니 잘못된 이름이라고 했다. 그에게 전화를 걸어 자초지종을 설명했다. 그는 그렇게 말한 사람들 혀를 뽑아야 한다고 호통을 쳤다. 나는 더 불안해하거나 의심하지 말기로 결론을 내렸다.

⑧얼마 전 그의 이야기가 담긴 책을 보다가 불행한 사연을 알게 되었다. 30여 년 전 어린 아들을 시장통에서 잃어버렸다고 했다. 그는 자신의 관상을 통해 미리 알고 대비를 했지만 어쩔 수 없는 운명이었다고 써놓았다. 그가 앉아 있던 어지러운 방안 풍경과 호통 치던 목소리가 떠올랐다.

이 글은 어떤 역술인의 인상을 묘사한 것이다.
원 글에는 ①에서 ⑤번까지의 문장들이 생략되어 있었다. 아무리 묘사가 주된 목적이라고 하더라도 그 묘사가 스토리텔링으로 읽는 이의 마음을 사로잡으려면 행동들이 뼈대가 되어 이야기를 받쳐주어야 한다.

①전화를 걸었다. ②그 집에 갔다. ③기다렸다. ④그와 마주 앉았다. ⑤관찰했다.

다섯 개의 행동이 빠지면 글의 흐름이 무너진다. 어떤 것을 이야기하는지 애매해서 머릿속 그림이 뒤죽박죽 엉키거나 불명료한 악몽이 된다.

이 가운데 특히 ⑤번은 그의 캐릭터를 드러내는 핵심적인 문장이므로 자연스럽게 흐르도록 신경썼다. 관찰했다고 하는 대신, 앞에 나온 거실과 대조하면서 관찰한다는 사실을 함의한 문장으로 썼다. 물론 나는 사주풀이가 끝나기를 기다리며 방안을 둘러보았다, 라고 직접적으로 서술해도 된다.

동작 순서를 좇아 구체적인 행동을 나타내는 말이 적재적소에 들어가도록 유의하면, 글의 흐름이 매끄러워져 읽는 이가 애쓰지 않아도 글의 내용이 편안하게 머릿속에 들어앉게 될 것이다.

아이러니

아이러니는 스토리텔링에 철학적 깊이를 부여하고 폭넓은 공감을 일으키므로 연구해둘 가치가 있다. 원하는 것을 얻었으나 애초에 기대했던 내용이 아니라는 걸 깨닫고 실망한다면 아이러니다. 행복해지려고 돈을 벌었는데 부자라서 불행해졌다면 아이러니다. 아이러니한 스토리텔링에는 여섯 가지 유형이 있다.

①원하던 것을 손에 넣었는데 이미 필요가 없어진 후였다.

② 목표를 향해 열심히 돌진했는데 알고 보니 그건 이미 코앞에 놓여있던 거였다.

③ 필요 없다고 내팽개쳤는데 알고 보니 자기 행복에서 없어선 안 될 것이었다.

④ 목표에 도달하기 위해 한 행동이 오히려 목표에서 멀어지게 만든 일이었다.

⑤ 뭔가를 파괴하려고 한 행동이 거꾸로 자기가 그것에 의해 파괴당하는 일이었다.

⑥ 자기를 비참하게 만들 것이 틀림없다고 믿는 뭔가가 손에 들어와 그걸 없애려고 애를 썼는데 알고 보니 그게 행복한 선물이었다.

아이러니한 글쓰기에서 핵심은 확실성과 정확성이다. 주인공은 자신이 해야 할 일이 무엇인지 확실히 알고 있고, 어떻게 해야 할지에 대해서 정확한 계획을 갖고 있어야 한다. 그런데 인생은 방향을 뒤집어 정반대의 것을 내놓는다.

02 | 서스펜스

서스펜스의 비결 1 : 단문으로 쓰기, 시간순서 지키기

일반적인 생활글에서 요구되는 서스펜스란 스릴러물이나 추리소설에서 볼 수 있는 심각한 수준의 수수께끼 풀이가 아니다. 그저 이야기의 추이가 궁금해서 좇아가게 만드는, 혹은 내가 의도한 감정으로 읽는 이를 서서히 빠져들게 만드는 자연스럽고도 소박한 서사의 진행 정도이다.

일단은 움직임을 간결, 명료하게 하고 시간순서를 잘 구분해서 정돈하면 서스펜스는 저절로 일어나게 되어 있다.(인간은 호기심의 동물이니까) 따라서 일이 벌어진 순서를 혼동하지 말고 서사문장으로 차분하게 쌓아 가면 된다.

다음 글은 위트가 있다. 표현이나 단어를 조금 손질하고 삭제했지만 흐름도 나무랄 데 없이 매끄럽다. 현재형 서술에다가 이유를 밝히려는 회상 장면도 시제가 명확하게 구분되어 있어 읽기가 편하고 다음이 궁금해진다.

시간 순서대로 문장을 쌓은 예

점심시간. 오늘은 유난히 배가 고프다. 온 몸의 세포 하나하나가 어서 먹을 것을 달라고 난리다. 아침에 좀 뛰었다고 불만인가 보다. 너무 고파서 다리가 무거웠으나 상관없다. 배고픔은 식당으로 가는 첫 번째 이유가 아닌지 꽤 되었기 때문이다. 나는 그곳에서 일하는 여자를 좋아하게 됐다. 말 한마디 안 하고 지켜보는 중이다.

그녀는 나보다 한 달 정도 늦게 입사했다. 언젠가 식당을 지나가는데 처음 보는 영양사가 하얀 가운을 입고 활짝 웃으며 배식 아주머니에게 박카스를 건네고 있었다. '정말 착하네' 했을 뿐, 감정은 없었다. 며칠 뒤 그녀가 처음으로 배식하던 날, 내 식판에 반찬을 올려주는데 순간 '점심시간=밥'이라 쓰여 있던 내 DNA가 돌연변이를 일으켰다. '점심시간=그녀'로 바뀌었다. 다음 사람이 없었더라면 그녀에게 눈을 떼지 못한 채 그대로 멈춰 서 있었을 것이다. 과연 그녀의 어디에 내 본능을 바꿔놓을 만큼 방사능급 매력이 숨어 있을까. 나는 그동안 이상형이 말이 통하는 여자라고 떠들었었다. 그런데 말 한 번 안 해보고 반했다니 믿어지지 않는다. 주변엔 가끔같이 술을 마시며 친하게 지내는 더 예쁜 여자들도 많다.

식당에서 난 자연스레 그녀를 관찰할 수 있는 곳에 앉아 있다. 그녀는 방긋 웃으며 밥을 나눠준다. 예쁘다. 그렇지만 한눈에 홀딱 반할 정도는 아니다. 처음 봤을 때는 무덤덤했었다. 게다가 배식 중엔 머리카락을 감추는 모자를 쓰고 있기 때문에 조금 우스꽝스럽기까지 하다. 나는 내 감정에 낯설어 하면서 밥을 떠 입에 넣는다. 멈칫 한다.

그렇다. 밥이다!

황당하지만 내 눈엔 그녀밖엔 들어오지 않는다. '밥 주는 여자'. 그런데 그냥 '밥 주는 여자'가 아니라 나와 비슷한 연배의 예쁜 얼굴을 가진 '밥 주는 여자'인 것이다. 따져보니 복도나 다른 곳에서보다 배식할 때가 더 예뻐 보이는 걸 보면 확실한 것 같다. 그동안 몰랐던, 깊이 감춰진 본능이다.

불과 1년 전과 비교하면 요즘 들어 유난히 더 결혼을 하고 싶다. 길거리에서 뒤뚱뒤뚱 걸어가는 아기들 모습에 미소가 절로 나온다. 생명유지 본능에 생명전달 본능까지 더해진 듯하다. 그래서 그녀를 단번에 좋아하게 되었고. 아무튼, 내 여자는 배려심이 있었으면 좋겠고 사소한 일에 짜증내지 않았으면….

잘난 척 하는 마음이 수그러들며, 나는 본능에 충실한 동물로서 계속 밥을 먹는다.

〈김영준, 나는 동물이다〉

서스펜스의 비결 2 : 단문으로 끊어서 층층이 쌓기

서스펜스를 조성하려면 단문으로 짧게 끊은 서사문장으로 행동이나 움직임이 빠르게 흘러가도록 집중시켜야 한다. 그리고 반드시 시간 순서대로 문장을 차곡차곡 배열하고 설명하는 문장이 끼어들어 흐름을 방해하지 않도록 주의해야 한다(설명문장은 문턱과 같아서 흐름을 멈칫하게 만든다).

원글

어쩌면 아버지가 그렇게 갑작스럽게 돌아가시지만 않았어도 내 생활이 달라지지 않았을지 모른다. 아버지와는 크면서부터 치열하게 싸웠던 것 같다. 불평과 불만을 늘어놓으며 세상 탓만 하는 아버지가 싫어서 대들었었다.

그날도 마찬가지였다. 세상에 믿을 사람 하나 없다며, 오직 당신만이 전부라던 아버지에게 소리를 질렀었다. 왜 남의 탓만 하냐고. 아버지가 무능한 게 아니냐고.

집을 뛰쳐나와, 나는 후배와 술집에 앉아 그런 아버지 때문에 얼마나 고단한지 토로했었다. 그런데 얼마 후 핸드폰 벨이 울리기 시작했다. 찜찜한 마음으로 통화버튼을 누른 나는 얼음이 되어버렸다. 아버지가 쓰러져 응급실로 실려 가셨다는 소식이었다. 그러나 당신의 성격을 이기지 못해 종종 쓰러지곤 하셨기에 대수롭지 않게 생각하고 계속 술을 마셨다.

그 후 일주일 동안 병원에 입원한 아버지는 일주일 뒤 눈을 감고 말았다. 아버지 몸에 그런 병이 있는 줄도 몰랐다고 한탄하거나 죽음을 순순히 받아들일 틈도 주지 않았었다. 시간이 순식간에 흘러갔다.

아버지가 쓰러지시던 날 저녁, 나는 홀가분해지길 바랐었다. 그렇다고 결코 아버지의 죽음과 연관해서 생각했던 것은 아니었다. 결코 아니었다. 하지만 그날 저녁, 나의 마음을 읽기라도 한 듯 아버지는 쓰러져 그렇게 세상을 떠나고 말았다. 대들고 화내던 나와 화해의 제스처도 없었다. 앞으로 잘 살라는 당부의 인사도 없이 그냥 그렇게 아버지는 눈을 감아버렸다.

같은 표현이나 같은 내용이 되풀이 되면 삭제해서 간결하고 긴장감 있게 만든다. 또 내 속내가 아닌 타인의 속마음까지 넘나들며 짐작하는 표현은 과감하게 내버려야 한다.

수정한 글

어쩌면 아버지가 갑작스럽게 돌아가시지만 않았어도 내 생활은 크게 달라지지 않았을지도 모른다. 성장하는 동안 나는 종종 아버지에게 대들곤 했다. 술 취해 나를 붙들고 잔소리하고, 불평을 늘어놓고, 세상을 탓하는 게 싫었다. 그날도 그랬다. 아버지는 세상에 믿을 사람 하나 없다고 투덜댔고 나는 참다못해 버럭 소리를 질렀다. 왜 남 탓만 하냐고, 사실은 아버지가 무능한 게 아니냐고.
말다툼 끝에 집을 뛰쳐나왔다. 술집에서 후배를 만났다. 아버지 때문에 힘들다고 하소연했다. 핸드폰이 울렸다. 무심코 통화버튼을 눌렀다가 얼어버렸다. 아버지가 쓰러져 응급실로 실려 가셨다고 했다. 잠시 멍했으나 계속 술을 마시기로 했다. 그동안 아버지는 종종 쓰러지곤 하셨지만 곧 괜찮아졌었으니까, 이번에도 별일 아닐 거라고 여긴 것이다.
일주일 후 아버지는 돌아가셨다.
나는 그날 술집에서 만난 후배에게 홀가분하게 살고 싶다고 말했었다. 아버지에게서 벗어나고 싶다고…… 그뿐. 죽기를 바랐던 게 아니었다. 그런데 아버지는 내 말을 엿듣기라도 한 듯 훌쩍 돌아가신 것이다.
입원해 있는 동안 화해의 제스처를 나눌 겨를이 없었다. 잘 살라는 축복이나 당부의 말도 못하셨다. 그냥 떠나셨다.

서스펜스의 비결 3 : 감정의 크레센도

악보에서 크레센도(≪ 점점 세게) 표시를 보았을 것이다. 마찬가지로 글에도 감정 곡선의 계산이 필요하다. 감정이 점층적으로 쌓이고 고조되어가면 이야기의 흐름에서 눈을 뗄 수 없게 된다.

다음 예문은 엉뚱한 내용을 자세하게 쓰고 정작 필요한 부분은 빠뜨리고 건너뛰었다.

어느 날 아버지가 지인에게 선물 받았다며 중국다기(茶器)세트와 차를 가져오셨다. 나는 대학시절 다례수업을 받은 적이 있어 차를 끓일 줄 알았다. 차를 우리기 시작했다. 먼저 자사호라는 차 주전자에 찻잎을 넣고 뜨거운 물을 부었다. 2~3분정도 기다린 후 거름망을 올려놓은 숙우그릇에 우려낸 차를 부었다. 차가 조금 식을 때가지 기다린 후 잔에 따랐다. 하지만 처음 우려낸 차는 찻잎의 먼지를 닦아내고 찻잔을 따듯하게 하기 위해서만 사용한다. 첫잔은 차반(茶盤)에 버렸다. 중국 차반은 물을 버려도 아래로 빠져 나가게 만들어져 있다. 두 번째 잔을 마셨다. 아버지는 차 이름도 모르고 가져오셨다. 그래서 무슨 차인지도 모른 채 차를 음미했다. 다음 날도 아버지는 차 한 잔 하자며 나를 불렀다. 그렇게 우리는 일주일에 서너 번 씩 차를 마셨다.

한 달이 지나니 자연스럽게 차를 얼마만큼 우려야 깊은 향과 맛을 갖게 되는지 알게 되었다. 너무 짧으면 떫고 너무 길면 쓰다. 처음에는 ①아버지와 말없이 마시기만 했다. 하지만 여러 번 우리다 보니 나에게 맞는 맛을 찾게 되었고 그날 기분에 따라 조금 진하게도 연하게도 우릴 수 있게 되었다. 아버지와의 대화도 시간이 흐르며 서로에게 맞는 이야기를 찾게 되었다. 깊이와 향이 있는 대화를 시작하는 데는 한 달 이상의 시간이 걸렸다. 그 사이 많은 ②지루하고 어려운 이야기를 듣고 말해야 했다. 그러나 결국 서로의 관심과 흥미에 대해 알게 되었고 어떤 주제를 아버지가 좋아하는지도 알게 되었다. ③아버지에게도 나에게도 차를 우리듯 적당한 시간이 필요했던 것이다. 이제는 대화를 하지 않고 마주 앉아 있어도 불편하지 않다. 자연스럽게 내 안에서 이야기가 우러나오기를 기다린다.

사람은 저마다의 향과 깊이를 지니고 있다. 하지만 그것을 알기는 어렵다. 처음 대화를 나누다 보면 재미없거나 너무 진지해 보이기도 하지만 그것은 모두 내가 대화가 무르익기 위한 적당한 시간을 모르기 때문이다. 이름 모를 차를 우리듯 여러 번 시도하여 쓴 맛 떫은 맛을 모두 겪은 후에야 비로소 알 수 있는 것이다. 여운이 있는 대화를 나누고 싶다면 적당한 침묵의 시간을 거쳐야 한다는 걸 아버지와 차를 마시며 알게 되었다.

〈최한, 티타임〉

이 글이 전하고 싶어 하는 바는 중국차 마시는 법이 아니다. 우연히 같이 차를 마시게 되어 그 과정에서 아버지와 점점 가까워졌다는 게 핵심이다. 그러므로 첫 번째 문단에서 중국차를 우려 마시는 과정이 세세하게 나열된 부분은 지루하고 불필요하다. 차를 우려 마시는 과정에 감동의 핵심인 감정적인 해석이 담기지 않아서 그렇다. 그러므로 첫 번째 문단의 차를 끓이는 과정을 나열하는 문장들에는 아버지와 처음 차를 마시게 된 당황감, 생소함, 갑갑함, 아버지에 대한 새로운 발견, 놀라움 같은 글쓴이의 정서가 담겨야 초점이 맞아 긴장감이 생긴다. 그러지 않으면 같은 차 끓이기 묘사문장이라도 쓸데없는 중언부언으로 느껴져 지루할 뿐이다.

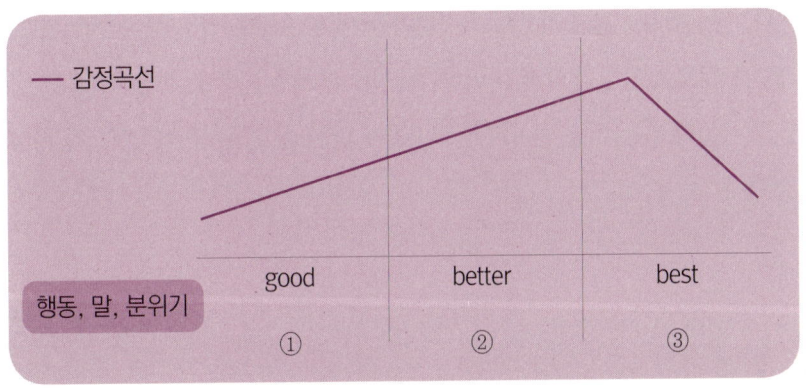

① 서먹했다. (마주 앉아 할 말이 없는 어색한 정황 = 쓰고 떫은 차 맛)
② 지루하고 재미없었다. (서로 탐색하며 화제를 찾는 정황 = 들쑥날쑥한 차 맛)
③ 침묵도 대화도 다 편안한 상태 (흐뭇하게 마주 앉은 정황 = 적당한 차 맛)

강조하려는 감정의 핵심적인 면은 시추에이션으로 묘사한다. 이 글에선 최대 3개, 양보하면 2개 정도를 장면으로 묘사해야 한다. ①은 처음 차를 마셨을 때, ③은 한 달 동안 차를 마신 결과이다. 두 개의 장면은 행동, 분위기, 표현(형용사, 부사)이 낯섦에서 친숙함으로 차이를 두어 변화가 느껴지도록 한다. ①이 good 정도의 감정 수준으로 표현한다면 ③은 ①과 비교하여 최상급 수준의 감정으로 표현되어야 한다. 그렇게 감정을 점층적으로 쌓아가는 것이 서스펜스다.

 서스펜스는 단문을 힘 있게 차곡차곡 쌓아서 생기는 것이기도 하지만, 더 핵심적인 요소는 사건뿐 아니라 정서도 점층적으로 표현되었는가 하는 문제이다. 정서까지도 점층적으로 차곡차곡 쌓여야 수긍이 가고 빠져들게 된다. 그렇게 의도한 감정의 끝까지 이야기를 휘몰아쳐가야 한다. 점층적으로 감정을 쌓아올려 읽는 이를 이야기에 빠져들게 만들 때 그 글은 서스펜스가 있다고 한다.

06. 수정, 퇴고할 때 알아야 할 것들

01 | 좋은 글을 위해선 수정하고 또 수정해야 한다

20대 시절 일이다. 글을 원고지에 쓰던 시절 문단에 데뷔한 나는 글을 쓸 때마다 고치고 또 고친답시고 엄청난 양의 파지를 생산해내곤 했다. 그 꼴이 한심했던지 아버지는 이런 이야기를 해주셨다.

"이광수가 와세다 대학 다닐 때 말이다. 원고지를 한 묶음 딱 철하면 한 장도 찢어버리는 일 없이 소설을 내리닫이로 썼다고 하더라. 어떻게 그럴 수 있나 살펴봤더니 평상시에도 자신이 쓸 글을 입으로 중얼중얼 외우면서 다듬고 있더라는 거야."

작가 생활이 30년 가까이 되어가지만 내리닫이로 써낸 초고가 그대로 작품이 되었다는 사람은 이광수 작가와 신문연재 소설의 원고를 시외전화로 불러 줘 받아쓰게 했다는 전설의 작가 ㅎ 씨 두 명의 이름만 들었을 뿐이다. 나머지는 모두가 좋은 글을 만들려고 초고를 쓸 때보다 더 힘들어서 수정하고 또 수정한다고 했다. 오죽하면 우리 문단의 스타일리스트 ㄱ 소설가의 작업실에 걸린 모토가 '닦고 조이고 기름치자'겠는가. 내 견문을 총동원해서 살펴봐도 단숨에 써낸 초고가 그대로 명문장이기를 바라는 것은 과대망상 같다.

좋은 글을 만들려면 수정을 잘해야 한다는 게 작가들이 이구동성으로 내놓는 조언이다. 여기서 수정은 글을 덧붙여 더 쓰는 게 아니라 과감히 삭제하는 작업을 가리킨다. 스티븐 킹은 초고는 70퍼센트 정도 남기고 삭제해야 좋은 글이 된다고 했는데, 나도 그 말을 따라 마구 지워봤더니 문장이 명석해지고 박진감이 넘치는 글이 되어 깜짝 놀란 경험이 있다.

어찌어찌해서 하고 싶은 이야기를 열심히 쓰고 원고 끝에다 끝이라고 썼다고 해서 글쓰기와 관련된 모든 작업이 끝났다고 여기면 큰일 난다. 완성된 건 초고에 불과하고 앞으로 수정이라는 지난한 작업이 남았다는 사실을 명심해야 한다.

초고가 끝나고 시간이 허락한다면 열기가 식을 때까지 원고를 덮어두고 딴 짓하는 게 좋다. 분위기를 일신하기 위해 폭탄주를 마시고 곯아떨어진다는 ㅇ 소설가도 있는데, 외출해서 영화를 보든 미뤄뒀던 드라마를 죄다 섭렵하든 주의를 다른 데로 돌려 시간을 보내면서 쓰느라고 혈안이 되었던 눈의 핏기가 가라앉을 때를 기다리는 것이다. 물론 마감에 쫓기다 보면 서둘러 원고를 보내기도 하지만 그렇다고 엄정한 검토 수정 없이 그냥 글을 내놓는 작가는 없다.

거리감이 생겨서 작품을 객관적으로 볼 수 있게 되면, 비로소 원고를 꺼내 (컴퓨터 워드에 쓴 글을 종이에 프린트해서) 큰소리로 읽는다. 이때 소리 내어 읽는 게 중요하다. 눈으로 보는 글자와 귀에 들리는 말을 비교하면서 한 글자 한 글자 짚어가며 일일이 체크해나간다. 입안에서 자연스럽게 굴러가지 않고 걸리면 무조건 연필로 표시하고 수정한다. 그렇게 소리 내어 읽는 것만큼 문장이 좋은지 좋지 않은지를 알아내는 좋은 방법은 없다. 눈으로 읽을 때는 놓치기 쉬운 조사의 어색함, 문장의 길고 짧음이 어울려 만들어내는 리듬감, 단어의 뉘앙스 차이가 주는 색채감과 톤 같은 것은 소리 내어 읽을 때 직감적으로 파악되는 요소들이다.

02 | 수정할 때 반드시 체크해야 할 것들

수정할 때 우선 부사와 형용사, 접속사 등을 의심스러운 눈으로 검토한다. 꼭 있어야 뜻이 통하는가? 없는 편이 낫지 않을까? 일단은 부사와 형용사, 접속사를 모조리 지우고 읽어보자. 부사나 형용사는 없어도 뜻이 달라지지 않을 뿐 아니라 없는 편이 더 나은 문장이 되기도 한다는 걸 깨닫게 될 것이다. 글의 흐름이 한눈에 들어오도록 하고 싶다면 부사나 형용사, 접속사는 최대한 지우도록 한다. 만약 접속사를 생략해서 앞뒤 문장, 앞뒤 문단이 매끄럽게 연결되지 않는다면, 뒷문장이나 뒷문단에서 앞의 내용을 받는 단어나 어구를 앞세워 연결하는 것도 한 방법이다. 내용과 어울리지 않는 문장은 설령 아무리 멋있고 애착이 가더라도 과감히 지운다. 의도한 내용을 되도록 간결하게 말하고 있는지, 뻔한 미사여구(많이 사용된 죽은 은유)나 호언장담은 없는지 살펴보고 아닌 건 모두 삭제한다.

같은 말이나 같은 내용을 반복하는 것도 찾아서 삭제한다. 반복은 글을 식상하고 진부하게 만든다. 만약 단순히 같은 내용을 한 번 더 말하는 것이라면 지시 대명사로 줄이고, 같은 단어라면 생략하거나 같은 뜻의 동의어나 유의어를 찾아서 대체한다.

자, 이제 제목을 점검하자. 제목이 얼마나 독창적인가? 시선을 끄는가? 발음할 때 리듬감이 있어 입안에서 딱 떨어지는가? 기억하기 쉬운가?

다음은 글의 첫 부분을 살펴보자. 사람들의 눈길을 끄는 것이 있는가? 첫 부분에서 장면이 시각적으로 그려지는가? 무엇을 알기 위해 이 글을 읽어야 하는지 궁금증이 자연스럽게 일어나는가? 만약 첫 장면을 너무 수수하게 시작했다면 글의 흐름이 계속 평범하게 유지되어 따분하지는 않은가?

배경도 살펴봐야 한다. 상세하게 그려지면서 호기심을 유발하는가? 배경에서 지명이나 연도를 현실 그대로 짚어서 썼을 때는 그에 걸맞게 사실과 부합하도록 디테일이 정확한가? 또 하나 배경에서 남다른 독특한 요소를 보여줄 수는 없는지 고민해보는 것도 좋다. 디테일한 내용이 정확한지 꼼꼼하게 체크해본다.

다음으로 묘사 부분을 점검한다. 인물을 캐릭터가 잘 살아나도록 그렸는지, 주제를 드러내는 장면을 현장감 있게 충분히 그렸는지 점검한다. 대화문을 체크할 때는 등장인물의 성격과 생활이 드러나는 말투인지 살피고, 인물의 행동 묘사가 선명히 살아 있도록 손본다. 플롯은 문장으로 요약해본다. 논리적인 모순이 없는지, 현장성(리얼리티, 디테일의 사실성)이 있는지, 독자가 공감할 수 없을 정도로 극단으로 치우친 건 아닌지, 이야기 진행에 필요 없는 에피소드가 섞여 있지 않은지(없어도 흐름에 지장이 없는 에피소드라면 과감히 없애는 것이 좋다) 등. 최선을 다하지 않고 적당한 수준에서 수정을 멈추지 말자. 쓰는 것보다 더 철저하고 과감하게 수정을 하는 것이야말로 좋은 글을 만든다는 사실을 명심한다.

　문장은 한 글자씩 짚으면서 세밀하게 검토한다. 이해하기 어려운, 추상적이거나 복잡한 문장은 중대한 결점이다. 글쓴이의 머릿속에서 상상한 그림이 글로 완벽하게 표현되는 일은 쉽지 않다. 되도록 단순하고 쉽고 구체적인 단어를 선택해서 세세하게, 친절하게 말했는지 검토한다. 자신이 쓰는 말 하나하나 정확한 의미를 알고서 써야 가독성을 높일 수 있다. 단순함과 명료함을 희생하면서까지 자신의 풍부한 어휘나 지식을 뽐내서는 안 된다.

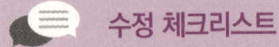 **수정 체크리스트**

(1) 주제와 소재
① 내용이 주제에 초점을 맞춰 선별, 정돈되었는가?
② 주제는 잘 부각되고 있는가?
③ 세부사항도 주제를 드러내는 데 도움 되는가?
④ 주제는 정곡을 찌르고 있는가?(애매하고 광범위한 주제는 안 된다.)
⑤ 주제와 관계없는 요소들이 들어있지 않는가?
⑥ 소재가 주제를 보여 주는 데 적절하고 유효한 내용인가?
⑦ 주제를 뒷받침하는 중심 소재와 또 그것을 보강하는 다른 소재들이 유기적으로 배치되어 있는가?

(2) 구성
① 글의 종류나 목적에 알맞은 흐름인가?
② 내용이 비중에 따라 잘 배분되어 있는가?
③ 흐름에 일관성이 있는가?
④ 강조할 부분과 짧게 언급되어야 할 부분을 제대로 구분했는가?
⑤ 제목, 소제목 같은 것이 너무 직설적이거나 관련 없는 표현이 아닌가?

(3) 문단
① 각 문단은 구성에 어울리게 배치되어 있는가?
② 문단의 내용이 서로 어울리면서 다음 문단으로 이어지고 있는가?
③ 각 문단이 하나의 소주제로 정리되는가?
④ 각 문단의 소재는 구체적이고 알기 쉬운가?
⑤ 각 문단의 길이가 원하는 리듬감을 만들어내고 있는가?
⑥ 문단 안에서는 문장들이 유기적으로 이어지는가?
⑦ 도입부와 마무리 문단은 서로 관련지어져 있는가?

(4) 문장
① 한 문장이 하나의 사건, 의미, 정보로 정리되는가? 한 문장 안에 너무 여러 내용을 담지 않았는가?
② 한 문장이 너무 복잡하거나 길지 않은가?
③ 단문을 중심으로 장문을 의도에 따라 적절히 사용하여 리듬을 만들어내고 있는가?
④ 주어와 서술어는 제대로 상응하는가?
⑤ 수식어와 수식되는 말은 알아보기 쉽게 연결되는가?
⑥ 한 문장 안에서 자동사와 타동사를 섞어 쓰고 있지 않은가?
⑦ 한 문장 안에서 능동태와 수동태를 섞어 쓰지 있지 않은가?
⑧ 사실과 의견을 명확하게 구분해서 쓰고 있는가?

(5) 표현
① 같은 내용을 되풀이 하고 있지 않은가?
② 같은 단어나 어구의 반복은 없는가?
③ 수식어구나 비유의 사용은 상식적인 눈높이에 맞춰져 있는가?
④ 전문용어의 사용은 적절한가? 일반 독자가 아는 수준으로 풀었는가? 아니면 각주로 처리했는가?
⑤ 품격이 낮은 속어나, 알아보기 힘든 은어는 없는가?
⑥ 외래어는 맞춤법에 맞게, 적절한 수준으로 사용하고 있는가?
⑦ 숫자를 효과적으로 활용하고 있는가?

예술은 바로 이러한 과정을 멈추게 하여 그 대상을 마치 처음 만난 것처럼 새롭게 바라보도록 주의를 환기시킨다. 여기에 문학의 힘이 있다. 자신의 글을 검토, 수정할 때 죽은 은유, 많이 사용된 표현이나 많이 통용된 시각이 있다면 반드시 삭제하도록 한다.

개성 있는 글쓰기를 위한 나만의 감성표현 연습

01. 비유의 강력한 힘

이야기 하나

한때 내 주변은 배우 A의 팬클럽이라고 할만 했다. 다들 A가 출연한 드라마나 영화를 빠짐없이 챙겨보았고, 만나면 그에 대한 화제가 끊이질 않았다. A는 여느 미남배우와는 다르다는 게 중론이었다. 그렇게 잘생긴 외모를 갖고서 그렇게 불쌍해 보일 수 있다는 데 뭐라 말로 표현하기 어려운 매력이 있다고들 했다. 가만히 보면 그의 눈빛이나 태도에는 자신감이 결핍된 불안한 떨림 같은 것이 배어 있었다. 소년과 청년 사이의 상처입기 쉬운 영혼이라고나 할까. 그러다 A는 군대를 갔다. 2년 후면 당연히 볼 수 있으려니 했다. 제대 후 그는 거의 활동하지 않았다. 어영부영 몇 해가 흐르자 A는 스타로서 끝났다는 말이 돌았다. 사실 광고를 통해 드문드문 만나는 A의 모습은 실망스럽기 짝이 없었다. 감수성 예민한 청춘은 온데간데없이 살찌고 먹성 좋은 펑퍼짐한 아저씨로 변해있었다. 그래선지 A가 드라마로 복귀한다고 했을 때 관심을 기울이는 이는 나뿐이었다.

"이젠 흥미 없어. 시간이라는 게 뭔지. 그 귀엽던 새끼고양이가 시간이 흐르면 도둑고양이가 되는 걸 막을 수 없으니. 마음 같아선 다리미로 꾹 눌러서 압화처럼 고정시키고 싶은데."

"그래도 모르잖아. 하던 가락이 있는데?"

"A는 그냥 미남 배우가 아니었잖아. 청춘 그 자체였다고. 그런데 이젠 서른 살이 넘었으니 끝났다고 봐야지."

인터뷰하는 기자도 같은 우려를 하고 있었다. 기자는 A에게 청춘스타로서의 이미지가 강했는데, 이제 나이가 들었으니 배우로서의 앞날이 걱정되지 않느냐고 질문했다. A가 대답했다.

"낙엽이 졌다고 숲이 없어진 것은 아니지 않겠나?"

인터뷰 기사의 그 대답에서 심상찮은 내공을 느꼈고, 성숙해진 A에게 더욱 호감이 갔다.

이야기 둘

나는 대체로 종교인들을 불신하는 편이었다. 특히 영혼을 구원해주느니, 마음을 돌보느니, 힐링해주느니 하고 떠드는 사람이라면 수상쩍다며 일단 의심부터 하고보는 버릇이 있었다. 아이패드 열풍이 불기 시작했을 때였다. 유행인 데다 신기하기도 해서 구입했다. 그러나 집순이인 나에겐 노트북과의 큰 차이를 느낄 수는 없었다. 해서 아이패드에서 주로 이용한 건 팟캐스트였다. 이런저런 팟캐스트를 넘나들다가 어떤 여인이 스님 B에게 상담하는 내용이 귀에 꽂혔다.

"3살 때였습니다. 엄마가 신발을 잃어버렸다고, '니 신발 어디서 잃어버렸노?' 하고 회초리로 사정없이 때리는데 제가 맞지 않으려고 동네 골목길을 숨이 차게 도망 다니던 게 기억납니다. 참 무섭고 억울했습니다. 그 후로 조금만 잘못해도 큰일이 날 것 같아 잘못하지 않으려고 기를 쓰며 살았습니다. 그런데 지금 제 아이에게 조금만 잘못된 것이 있어도 엄청난 화가 순식간에 올라옵니다. 절대 엄마처럼은 안 되겠다고 했는데……. 어떻게 해야 엄마처럼 아이를 키우지 않을 수 있는지 알고 싶습니다."

스님 B가 대답했다.

"똥이 방안에 있으면 오물이지만 밭에 가져가면 거름이 됩니다. 그런 상처가 있기 때문에 오히려 아이의 처지나 마음을 더 잘 이해하고 보듬을 수 있지 않습니까."

선연하게 그림이 그려지면서 그 의미가 확 와 닿는 답변이었다. 그동안 보아온 여느 종교 지도자와는 다르다고 느꼈고, 관심을 갖고 지켜보다가 결국 그가 지도하는 수행단체와 연을 맺게 되었다.

두 일화는 말 한마디 때문에 배우 이상의 배우, 종교인 이상의 종교인이라는 인상을 받게 된 사례이다. 이 사례에서도 알 수 있듯이 말은 중요하다. 개인 간 결투가 금지된 이 사회에서 우리는 말로 상대를 제압하려고 하고, 말로 인품을 드러내어 사람들 마음을 움직이기도 한다. 낯선 이를 만나면 처음엔 생김새로 판단하지만, 시간이 조금 지나면 말하는 품새에 그 자리를 내준다.

말을 다듬고 꾸미는 방법을 수사법(rhetoric)이라고 한다. 앞에 예를 든 두 일화는 수사법 중에서도 핵심이라고 할 비유법(metaphor)으로 정곡을 찔러서 강한 인상을 남긴 예이다. 만약 이들이 비유법이 아닌 직설법으로, 즉 사전적 의미 그대로 말을 사용해서 답변을 했다면 아래와 같을 것이다.

낙엽이 졌다고 숲이 없어진 것은 아니다. → 청춘이 끝났다고 해서 배우로서의 발전 가능성이 없어진 것은 아닐 것이다.

똥이 방안에 있으면 오물이지만 밭에 있으면 거름이 된다. → 마음에 상처로 남은 일도 긍정적으로 바꿔 생각한다면 삶의 유리한 조건이 될 수도 있다.

화살표 앞뒤의 문장을 비교해보면 같은 내용인데도 마음에 새겨지는 정도가 다르다. 직설법의 한계다. 직설법은 사전적(지시적) 의미로 말을 사용하는 방법인데 한계가 뚜렷하다. 뜻을 명확히 하면서도 설득력을 가지려고 하다 보면 여러 말로 중언부언하게 된다. 그러고도 상대를 깔끔하게 설득시키지 못한다. 그에 비해 화살표 앞의 비유법을 이용한 문장은 간단명료하면서도 반박할 수 없는 진리라는 인상을 준다.

그래서 인간은 다른 이의 마음을 움직이고자 할 땐 비유법을 애용해왔다. 대표적인 사례를 성경과 불경에서 찾을 수 있다. 성경에는 '부자가 천국에 들어가는 건 낙타가 바늘귀를 통과하는 일과 같다', '너희는 세상의 소금이 되라'와 같은 말들이 있다. '물체에 그림자가 따르듯 행위에는 반드시 과보가 따른다', '생선 싼 종이에선 비린내가 나고 향을 싼 종이에선 향내가 나는 것처럼…'과 같이 부처도 비유로 설법하는 일이 많았다. 현대의 명연설이나 명문장들 역시 비유법을 활용하여 깊은 인상을 남긴 사례가 허다하다.

수식과 비유는 둘 다 글에 색채를 더하고 뉘앙스를 풍부하게 만드는 기능을 가졌지만 서로 다르다. 앞장에서 설명했듯 수식어는 그 단어가 가리키는 의미의 넓고 애매한 범위를 한정지어 구체적이고 선명하게 만드는 기능을 갖고 있다. 그에 비해 비유는 단어의 이미지를 새롭게 만들어 느끼게 한다. 서로 다른 두 개의 말을 연결하여 둘의 공통점 혹은 유사성으로 묶음으로써 이미지를 새롭게 환기하거나 확대하는 것이다. 비교해보자.

> 수식 : 내 가슴에 깊숙이 박혀 있는 기억 (기억이 들어 있는 정도를 설명한다.)
> 비유 : 내 가슴에 바늘처럼 박혀 있는 기억 (기억이 들어 있는 상태를 보여준다.)

여기서 '깊숙이'와 '바늘처럼'은 '박혀 있는'이란 말을 꾸미지만 표현하는 내용이 다르다. 수식어는 정보를 설명하고 비유는 상태를 그린다. 읽는 이가 날카롭다든지 아프다든지 하는 감각이 느껴지도록 만드는 것이다. 만약 직접 손으로 만지는 듯, 눈으로 보는 듯 생생하게 쓴다면 읽는 이에게 미치는 영향력의 정도는 설명이나 진술에 비할 바가 아닐 것이다. 이미지의 효과를 음미해보자.

> 역 대합실은 밤새도록 불빛이 환했다.
> 역 대합실은 밤새도록 튤립처럼(비유어) 불빛이 환했다.

여기서는 비유를 만드는 연결조사 '~처럼'이 들어가자, 환하다는 설명적인 의미는 뒤로 물러나고 비유어가 가리키는 붉고 둥그스름하게 오므린 튤립 형상이 앞으로 나서면서 환하다는 감각이 구체적으로 다가온다.

이처럼 감각으로 체험하게끔 제시되는 한 덩어리의 말을 문학에선 이미지라고 부른다. 다시 말해 이미지는 대상의 감각적 인상을 그린 말이라고 정의할 수 있겠다. 이렇게 이미지로써 느끼게 만드는 것(의미를 생각하는 것이 아니라 감각으로 받아들이는 일)이 바로 비유의 핵심이다.

비유는 비유되는 말(원관념)과 비유하는 말(보조관념)로 구성된다. 두 가지 말이 연결되면서 보조관념이 가진 이미지가 원관념으로 이동하게 되는데, 그 결과 원관념의 이미지는 풍성해지고 직설법이 넘볼 수 없는 깊은 울림을 띄게 된다. 예를 들어 분수처럼 흩어지는 푸른 종소리라는 표현을 보자. 여기서 '푸른'은 수식어이고 '분수처럼'은 비유어이다.

예문 A :	분수	처럼	흩어지는	푸른	종소리
	ㄴ 보조관념	ㄴ 연결조사	ㄴ 유사성	ㄴ 수식어	ㄴ 원관념

분수와 종소리라는 두 단어를 흩어진다는 유사성에 착안해 연결한 표현이다. 이를 통해 원래 갖고 있는 이미지 이상의 이미지로 확대된다는 점에 비유의 힘이 있다. 즉 분수가 풍기는 청량감이 종소리에 더해지는 것은 물론, 분수의 물줄기가 퍼져나가는 모양을 눈으로 보는 감각이 원관념에 더해져 이 표현을 읽는 사람은 마치 청량하게 퍼지는 소리를 눈으로 보는 듯한 인상을

받게 되는 것이다.

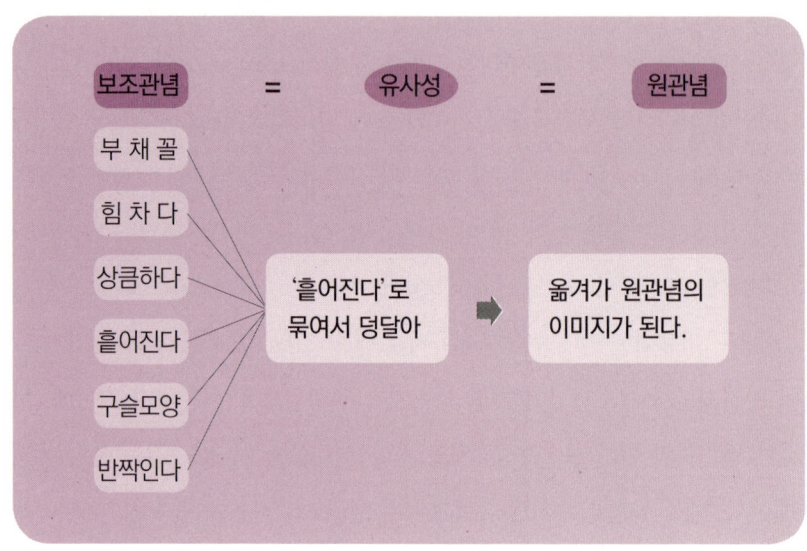

이와 약간 다른 방식으로 비유하는 예를 보자.

예문 B : 내 마음은   호수요. (연결어와 유사성은 감춘 표현)
　　　　ㄴ 원관념　　ㄴ 보조관념

마음과 호수라는 두 대상을, 평평하고 둥글고 평소에는 잔잔하다가도 조건에 따라 요동치기도 하고 외부에서 사물이 다가오면 비추기도 하는 등 한마디로 뭉뚱그려서 말하기 어려운 유사성을 찾아내어 연결한 표현이다. 그러자 호수라는 말이 우리에게 연상시키는 아름다움, 고즈넉함, 평화로움과 같은 이미지들이 마음이라는 원관념으로 이동하여 덧붙여지게 된다.

예문 A는 '처럼'이라는 연결어가 드러나 있고, 유사성도 명시되어 있는데 비해, 예문 B는 둘 다 생략되어 있다. 이에 A를 직유, B를 은유라고 한다.

개성 있는 글쓰기를 위한 나만의 감성표현 연습

02. 반드시 알아야 할 비유의 세 가지 방식

　비유법에는 여러 가지가 있지만 중요한 것은 직유, 은유, 상징 세 가지이다. 예를 들어 '시간'이라는 추상적인 관념을, 감각으로 확인할 수 있는 구체적인 대상인 '강'에 비유했을 때 세 가지 방식으로 표현한다면 다음과 같다.

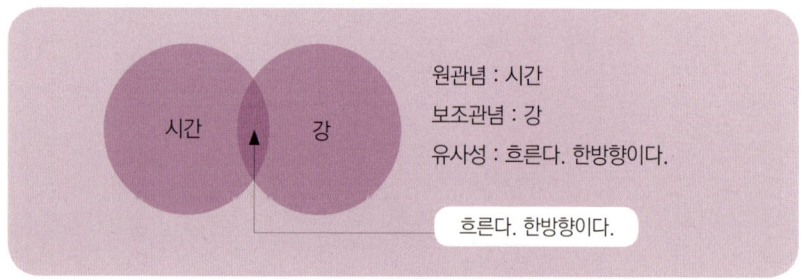

직유 : 시간은 강물처럼 흘러간다.

은유 : 시간의 강을 되돌리려고 하지 말라.

상징 : 같은 강물에 두 번 발을 담글 수는 없다.

01 | 직유

　직접 비교하는 방식이다. 원관념과 보조관념이 '~같이', '~처럼', '~인 듯'과 같은 연결어로 묶여 있다. 직유는 표현하는 말 속에 연결어가 드러나 있기 때문에 은유와 비교해서 시각적인 면이 두드러진다. 비교적 단순한 유추(닮은 요소, 유사성 찾기)에 의해 만들어지는데, 효과 면에서 은유보다 한정적이다. 그러나 두 단어 사이의 유사성 찾기가 참신하게 이뤄지기만 한다면 때로는 은유 못지않은 강력한 울림을 빚어내기도 한다.

02 | 은유

　연결어는 생략되고 원관념과 보조관념만 남아 직접 비교, 대조되는 표현이다. 은유는 한 단어를 다른 단어로 바꿔놓거나 사물이나 관념, 사람을 다른 어떤 것과 동일하다고 주장하는 어법이라고 할 수 있는데, 이때는 보조관념의 이미지가 원관념으로 강하게 옮겨간다.

　은유는 직유와 마찬가지로 비유되는 두 단어 사이의 유사성을 바탕으로 하지만, 직유와 달리 직접적으로 비교하는 것은 아니다. 두 말의 이미지가 서로 대치되거나 전적으로 옮겨가기 때문에, 의미의 함축과 감동의 폭은 매우 크다고 하겠다. 대체로 직유보다 정서적인 울림이 강하게 일어난다.

03 | 상징

　은유에서 원관념이 뒤로 숨어버리고 보조관념만 남으면 상징이 된다. 비교가 참신하면서도 납득이 가기만 한다면 직유보다는 은유가, 은유보다는 상징이 사람의 마음을 더 강하게 움직인다.

　보통 상징이라고 불리는 것들은 의미가 꽉 차 있는, 그래서 이렇게도 저렇게도 해석할 수 있는 이미지이다. 얼핏 보기에 상징은 귀에 익은 일반적인 단어나 이미 많이 사용되고 있는 명칭과 같은 관념인데, 잘 살펴보면 기존의 의미뿐 아니라 아직은 알려지지 않은 특별한 의미도 함축되어 있다. 그 때문에 상징은 한마디로 정의내리기 어려운 무엇, 막연한 것, 미지의 것을 나타낼 수 있는 것이다.

　김수영의 「풀」이라는 시에서 풀이 무엇을 상징하는지 묻는다면 교과서적인 대답으로는 민중이라고 하겠지만, 다르게 해석할 수 있는 가능성은 얼마든지 열려 있다. 그래서 잘 만든, 좋은 상징인 것이다. 그처럼 어떤 단어나 이미지가 명백하고 직접적인 의미 이상의 의미를 품고 있을 때 '상징적'이라고 한다. 제대로 된 상징은 우리가 미처 깨닫지 못한 무의식을 건드리기 때문에 울림의 폭이 크다.

03. 비유의 요소 살펴보기

01 | 원관념 : 비유하는 대상

　감각으로 알 수 있는 실체를 갖고 있지 않은, 추상적인 관념을 전달하려고 할 때 우리는 흔히 구체적인 대상에 빗대어 표현을 한다. 예를 들어 행복은 보거나 만질 수가 없다. 신체적으로 감지할 수도 없다. 그래서 행복을 표현할 때 풍선처럼 허공에 뜬 기분(위)이라고 말하고, 불행할 땐 바닥에 떨어져 박박 기고 있다(아래)고 말한다. 마치 타고난 본능처럼 누구나 행복은 위, 불행은 아래로 비유하는 것이다.

　이처럼 원관념의 종류에 따라 자연스럽게 이용하는 보조관념의 무리는 다르다. 다음에 제시한 개념들은 추상적이거나 막연하기 때문에 구체적인 사물로 비유할 때 더욱 설득력을 갖는 것들이다. 각각의 개념마다 자주 빗대어지는 보조관념이 있다.

- 감정 : 화, 두려움, 사랑, 행복, 슬픔, 수치감, 부러움 등등. 예를 들면 화가 났을 때는 물이 끓는 것에 비유하여 뚜껑이 열렸다고 한다.
- 욕구 : 욕구나 욕망은 주로 힘이나 그릇 속에 들어 있는 열기 같은 것으로 비유하는 경우가 많다. '열정으로 세상을 들끓게 만들었다' 때로는 불만족을 비유하여 '나는 아직도 배가 고프다'고 말하는 것처럼 신체적인 증상으로 비유하기도 한다.
- 도덕적 관념 : 선악, 정직, 용기, 성실, 명예나 그 반대의 것들과 같은 도덕적인 개념들도 구체적인 사물에 비유한다.
- 생각이나 사고 : 작업, 즉 작업실에서 물체를 조작하는 과정으로 비유하는 일이 많다.
- 사회 : 사회 혹은 국가라는 개념은 대단히 복잡한데, 이런 복잡성은 은유적인 이해를 요구한다. 사회나 국가를 이야기하는 방식은 주로 가족 관계에 비유해서 설명되는 경우가 많다. (인자한 아버지와 같은 보수적 온정주의 대통령) 또 사회의 다른 측면들은 기계나 인간의 신체로 비유되기도 한다. (우리 사회의 척추인 중년 가장들. 자라나는 새싹, 청소년)
- 힘 : 정치적 권력은 물리적인 힘으로 비유할 때가 많다. 정치는 게임과 스포츠에 비유되는 일이 많지만 때로는 전쟁 같은 일에 비유하기도 한다. (대통령과 검사들은 계급장을 떼고 대화하기로 했다.)

- 경제 : 빌딩, 식물, 여행에 주로 빗대어서 표현한다. (기초공사가 부실해서 흔들리는 경제, 이 사회의 토대가 되는 청년 창업자들)
- 시간 : 주로 움직이는 물체로 비유한다. (쏜살같이 지나간 시간, 주마등처럼 스치는 과거)
- 삶과 죽음 : 보통 인생을 어떤 목적지로 향하는 여행으로 비유한다. (저 세상으로 떠났다.) 살아있음은 낮과 빛, 따뜻함 등으로 표현한다. 탄생을 도착으로 이해하는 반면, 죽음은 돌아감, 밤, 어둠, 차가움으로 표현하는데 때로는 죽음을 어떤 여행의 출발로 표현하기도 한다.
- 종교 : 종교의 핵심적인 측면은 신에 대한 우리의 견해, 신에 대한 우리의 관계와 관련있다. 사회와 국가라는 개념과 비슷하게 신은 아버지나 부모, 목자, 왕 등으로 비유하고 신자는 자녀, 양, 백성으로 간주한다.

02 | 보조관념 : 비유하는 사물

비유법에 이용되는 보조관념들은 우리가 신체적인 감각으로 느끼고 알 수 있는 대상들이다. 보조관념은 사람이 직접적으로 느낄 수 있는 신체에 관련된 것이 가장 빈번하게 쓰이며 설득력도 강하다. 신체에서 주변 환경이나 사회에서 세계, 멀어지는 정도에 비례하여 설득력이 옅어진다고 보면 된다. 분류하면 다음과 같다.

- 신체(머리, 얼굴, 다리, 손, 심장, 뼈, 어깨)
- 건강과 질병

- 동물
- 식물
- 건물과 건설
- 기계와 도구
- 게임과 스포츠
- 돈과 경제적 거래
- 요리와 음식
- 열과 차가움
- 빛과 어둠
- 힘
- 움직임(여행)

03 | 유사성(공통점)

적절한 유사성

원관념과 보조관념을 연결 짓는 요소는 유사성이다. 비유를 잘 만들려면 적절한 유사성을 찾아낼 줄 알아야 한다. 유사성을 찾을 때 우리 두뇌가 직관적인 패턴 파악을 한다고 하는데, 새롭고 독특한 시각으로 두 관념 사이의 유사성을 짚어내되 그 유사성이 누구나 고개를 끄덕일 수 있을 상식 수준이어야 한다. 너무나 독창적인 표현을 추구하다가 독자들의 경험 수준에서 고개를 끄덕이기 어려우면, 공감을 얻지 못해 실패한 비유가 되는 것이다. 또 너무 독자들의 경험 수준만 좇아 이미 많이 사용된 표현을 쓰면 진부하고, 뻔하고, 식상한 글이 된다. 독특한 시각과 상식을 적절히 조율해야 감동적인 표현을 만들어낼 수 있다.

다음 세 가지 경우를 보자.

적절한 은유

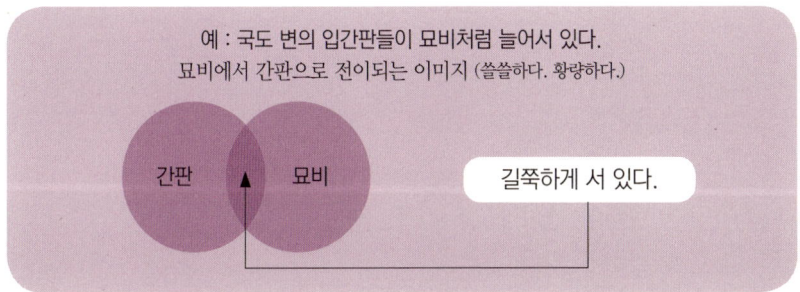

'길쭉하게 서 있다'는 유사성이 적절하게 짚어졌기 때문에 보조관념 묘비가 품은 이미지, '쓸쓸하다, 황량하다' 등이 입간판들로 옮겨가서 국도 변이 마치 공동묘지 분위기인 것처럼 느껴지게 되었다.

잘못된 은유 1

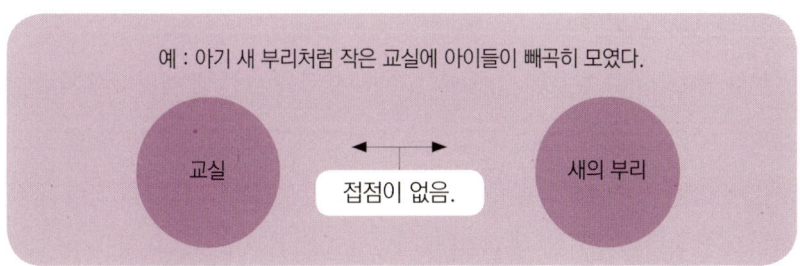

개성 있는 글쓰기를 위한 나만의 감성표현 연습

새 부리는 뾰족하고 교실은 아무 작다고 해도 세모꼴은 아니다. 따라서 둘의 유사성을 상식적으로 납득하기 어렵다. 때문에 두 관념이 교차하지 못하고 따라서 이미지의 전이가 일어나지 않는다.

잘못된 은유 2

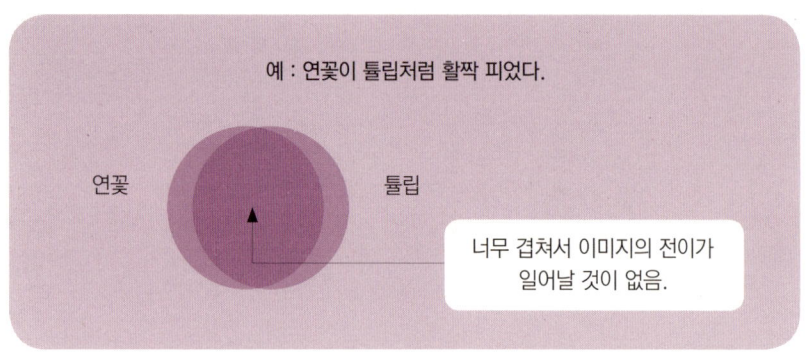

유사성이 너무 커서 겹치는 부분을 제하면 남아 있는 보조관념의 이미지가 거의 없다. 따라서 원관념으로 전이될 것이 별로 없어 원관념은 새로운 이미지로 확장하지 못한다.

진부한 유사성(죽은 은유)

흔히 잔소리라고 부르는 말이 있다. 아침에 집을 나설 때 어머니가 차 조심하라고 주의를 주면 자녀들은 알았다고 하면서 자동으로 귀에 셔터를 내린다. 잔소리는 여러 번 되풀이해서 들었기 때문에 듣지 않아도 그 내용을 다 안다는 선입견을 거느린 말을 가리킨다. 부모자식 사이뿐 아니라 인간관계

사이에도 여러 가지 잔소리가 있다. 사람들은 잔소리라고 여겨지면 제대로 듣지 않을뿐더러 첫마디만 나와도 알았다면서 말을 막아버린다. 사람은 친숙한 것, 낯익은 것은 대충, 띄엄띄엄 대하는 성향이 있다.

『나니아 연대기』를 쓴 영국의 계관시인 C.S. 루이스는 잔소리와 같은 말을 더러워진 동전에 비유했다. 은행에서 갓 발행된 새 동전은 반짝이며 우리의 눈길을 끄는 광채를 가졌다. 그러나 동전이 시중에서 돌고 돌면서 여러 사람의 손을 거치다 보면 표면에 때가 묻어 광채는 죽어버린다. 말이 불러일으키는 이미지 역시 그러하다. 처음 듣는 말은 신선해서 심장을 두근거리게 하지만, 되풀이 할수록 구태의연해져 아무 감흥도 불러일으키지 못한다. 마치 동전이 유통되다 보면 표면에 때가 끼어 광채가 죽어버리는 것과 같다. 루이스는 시인, 소설가들의 중요 임무가 바로 그렇게 광채를 잃어버린 말을 갈고닦아서 새로이 감동을 불러일으키게 만드는 것이라고 했다.

처음의 신선함, 광채를 잃어버린 비유를 '죽은 은유'라고 한다. 아마도 너무 쓰여서 신선함을 잃어버린 비유의 끝판왕은 '앵두 같은 입술', '제비처럼 날쌔다'느니 하는 말일 테고, 내용상으로는 '버들피리를 불며 물장구치며 놀던 유년시절'이니 하는 등 관습적으로 사용되어온 표현일 것이다. 이미 너무나 많이 사용되어서 하나마나한, 아니 하지 않는 편이 나은 말들이다.

구체적인 예로 '국화꽃 같은 누님'이라는 표현을 생각해보자. 서정주 시인이 「국화 옆에서」라는 시에서 '긴 세월 돌아와 거울 앞에 선 누님 같은 꽃이여'라고 읊었을 때가 1955년도였다. 그 당시엔 소녀나 젊은 처자라면 몰라도 마흔이 넘은 중년여성은 노인으로 여겼을 테고, 늙은 여자를 꽃에 비유한다는 건 생각지도 못했을 것이다. 그래서 그 표현은 신선한 감동을 주어 널리 회자되었고, 나중엔 중년여성이라면 으레 국화꽃으로 비유하게 되었다. 그러다 보니 지금에 이르러선 누군가 중년여성을 찬미한답시고 국화꽃 같다는 등의 말을 하면 조롱한다며 따귀 맞기 십상이다.

현대예술의 중요한 역할 가운데 하나가 세상을 새롭게 바라보게 하고 새롭게 해석하도록 만드는 환기력이다. 작가들에게 문학상을 줄 때면 모국어의 지평을 넓힌 공로를 기린다는 말이 꼭 들어간다. '모국어의 지평을 넓힌다'와 같은 말은 새로운 단어를 조합해냈다는 뜻이 아니다. 있는 말을 갈고닦아서 보다 풍부한 이미지를 덧붙이고 광채를 부여했다는 뜻이다. 이런 기능을 러시아 형식주의자들은 '낯설게 하기'라고 불렀다. 낯설다는 건 '익숙하다'의 반대이다. 같은 사물을 되풀이해서 접하다 보면 익숙해지고 그런 익숙함은 통념 혹은 상식을 만든다. 익숙한 말들은 바가지나 잔소리가 그렇듯, '안 들어도 뻔해, 안 들어도 알아'라는 선입견으로 우리의 감각에 자동으로 셔터를 내리게 한다.

예술은 바로 이러한 과정을 멈추게 하고 그 대상을 마치 처음 만난 것처럼 새롭게 바라보도록 주의를 환기시킨다. 여기에 문학의 힘이 있다. 자신의 글을 검토, 수정할 때 죽은 은유, 많이 사용된 표현이나 많이 통용된 시각이 있다면 반드시 삭제해야만 한다.

동구 밖 느티나무 위에 살포시 내려앉은 까치가 깍깍 단아한 목소리로 아침을 열면, 자욱하게 피어오르는 시냇가의 자욱한 물안개가 기다렸다는 듯, 하늘을 향해 춤을 추며 반짝이는 햇살을 선물하고 사라진다. 노루와 산토끼는 팔짝팔짝 뛰어놀고, 새들도 신이 나서 힘차게 날갯짓하며 날아간다. 아지랑이 피어오르는 봄날 냇둑에 앉아 졸졸 흐르는 시냇물 소리를 들으며 버들피리를 불며 유년시절을 보낸 내 고향의 풍경은 추억만으로도 힐링이 된다. 자연이 살아 숨 쉬던 곳!

위의 글은 고향을 그리는 글에 이미 너무 많이 사용된 표현들이 모여 있다. 실제로 내 눈으로 보고 관찰한 요소들이 아니라, 책이나 글에서 자주 나와 익숙해진 풍경을 반사적으로 모방하여 진부하고 상식적인 말을 열거한 것으로 보인다.

이런 진부함을 피하려면 글을 쓸 때 유년시절의 특정한 날 아침(시간과 장소, 풍경을 바라보는 인물)의 기억을 되살려서 등장하는 요소들을 구체적으로 하나씩 곱씹어 보는 자세가 필요하다.

유사성의 패턴, 심층은유의 종류

쌀은 곡식이고 시금치는 채소다. 두 사물을 비교하면 사람들의 관심은 자동으로 곡식과 채소라는 차이점으로 쏠리는데, 그보다 더 근원적인 것은 쌀과 시금치 사이에는 공통점이 있어 비교할 수 있다는 사실이다. 대상들 사이에 공통점이 없으면 비교는 할 수 없다. 쌀과 시금치가 있는 곳에 돌멩이를 등장시키면 둘의 공통점은 확연해진다. 쌀과 시금치는 먹을 수 있고 돌멩이는 먹을 수 없다. 이때 쌀과 시금치의 공통점은 식량이다.

이런 식의 비교는 일상에서 뭔가를 파악하려고 할 때 자동으로 일어나는 뇌의 작용인데, 거의 본능에 가깝다고 할 수 있다. 여기서 차이를 발견하려는 작용은 의식에서 일어나고 공통점을 알아채는 건 대부분 무의식에서 일어나기 때문에 의식하기 어렵다.

공통점을 알아차리는 인지기능을 보통 '패턴파악'이라고 부른다. 거의 무의식적으로 일어나기 때문에 '직관적'이라고 하기도 한다. 이때 파악되는 패턴을 '심층은유'라고도 하는데, 수사법에서는 쉽게 유사성의 유형이라고 생각하면 적절할 것이다. 다양하면서도 형태가 없는 감정적인 경험을 구체적으로 감각하는 보조관념에 빗대어 적절하게 표현하기 위해서는, 이런 심층은유를 의식수준으로 끌어올려 생각할 줄 알아야 한다.

심층은유를 찾아내는 일은 경험이 쌓임에 따라 다양해지고 세련되어지기도 하지만 때로는 내가 경험한 것이 심층은유에 의해 새롭게 해석되기도 한다. 인간은 자신이 느끼고 있는 것을 말로 표현하지만, 말로 표현된 것에 맞추어서 보거나 듣고 느끼기도 한다는 뜻이다.

두 대상을 비교할 때 언뜻 드러나는 차이점에 얽매이지 말고, 둘 사이에 깔린 유사성의 패턴(심층은유)을 찾아낼 수 있어야 사람의 마음을 움직이는 수사법을 구사할 수 있다. 보통 무의식적으로 파악되곤 하는 심층은유를 간추린다면 대략 다섯 가지 정도를 말해볼 수 있겠다.

(1) 균형

사람은 세계나 사물을 볼 때 본능적으로 균형이라는 패턴을 기준으로 사용한다. 사람이나 물건을 보고 대뜸 잘 생겼다든지 하고 말하는 건 모양이 가지

런한지 대칭과 조화가 잘 되어있는지를 따지는 것이므로 균형이라는 기준점을 사용했다고 할 수 있다. 구체적인 사물뿐 아니라 심리상태나 사회조직 혹은 어떤 관계에서 그 상호작용을 따져 '정의롭다' 혹은 '올바르다', '비뚤어졌다' 하는 식으로 말하는 것도 균형으로 파악한 예라고 할 수 있다.

균형에는 신체적 균형(심리적인 건강이나 외모에서의 균형), 감정적 균형(태도, 믿음, 지식과 같은 종류), 사회적 균형(상호협력, 협동, 주고받기 혹은 사회적인 기준에 순응하여 얻는 단기적 혜택), 도덕적 균형(보답, 보복, 배상, 이타주의, 사회적인 부담, 죄와 벌, 인과응보) 등이 있다.

(2) 변화

'만물은 유전(流轉)한다'는 격언이 있다. 모든 것이 변화한다는 관점 역시 인간의 본능적인 사고패턴에 가깝다. 변화란 실질적으로 개념적으로 어떤 상태에서 다른 상태로 바뀌는 것이다. 변화는 신체, 생각, 느낌, 감정, 사회적 관계나 물질적인 세계와의 관계를 평가하는 관점이기도 하다.

일생생활에서 신화, 동화, 이야기들은 인생에서 일어나는 변화를 감지할 수 있게 도와주는 도구이다. 또 차이를 구별해서 보고자 하는 인간의 성향이 있기 때문에 변화를 지각할 수 있는 것이기도 하다.

(3) 여행

'모든 것은 지나가리라'는 힐링의 금과옥조가 널리 통용되고 있는 것에서 보듯, 여행 역시 변화와 마찬가지로 인간이 무의식적으로 파악하고 있는 유사성이다. 과거, 현재, 미래에 대한 시간 감각이 합쳐져서 신체적, 사회적, 심리적 여행 경험을 만들어낸다. 여행이라는 관점은 삶에서 겪게 되는 여러 가지 일을 하나의 과정으로 구체화할 수 있게 해주는 패턴이다.

시간감각, 전후 인과관계에 대한 인식, 미래를 계획하거나 상상하기 위해 과거를 활용하는 것, 사후세계에 대한 개념 등은 종종 여행이라는 은유로 나타난다.

(4) 그릇

그릇으로 파악되는 것은 실제로 뭔가가 담긴 사물이거나 사회조직처럼 관념적으로 울타리가 처져있는 것들이다. 물리적, 심리적, 사회적 상태를 그릇에 담긴 내용물로 표현하는 것은 일반적인 현상이며 어떤 경우에는 이 세 가지 상태가 다 어떤 그릇 안에 담겨 있다고 표현되기도 한다.

그릇에는 항상 두 가지 측면이 있다. 울타리가 처진 것들은 안정감을 주는 피난처가 될 수도 있고, 구속감을 주는 감옥 같은 곳이 될 수도 있다.

그릇은 물리적, 심리적, 사회적 장소를 상징한다. 안과 밖이라고 표현할 때는 그 대상을 그릇으로 파악했다는 증거다. '인생이 공허하다'거나 '인생은 놀랄 일들로 가득 차있다'고 말하는 것은 인생을 그릇으로 파악한 표현이다.

자아를 설명할 때도 마찬가지다. '사람의 겉껍질은 사회적이지만 그 속에 든 것은 개인적이고 남들이 모르는 것이다'거나 '내 속에는 내가 너무도 많아 당신이 쉴 곳 없네'라는 표현을 쓰는 것도 사람을 그릇으로 비유한 것이다. 또 하나의 그릇인 엄마 뱃속에서 다른 그릇인 무덤으로 여행하는 게 인생이라고 말하기도 하고, 사람의 몸 자체가 뼈, 피, 뇌를 담고 있는 그릇이라고 표현하기도 한다. 이처럼 그릇 은유 역시 거의 본능에 가까운 패턴파악이다. 또 그릇으로 문화를 말할 때 그 속에는 공유되는 믿음, 가치, 관습, 목표, 행동방식이 들어 있고, 또 그런 것들을 만드는 제도를 담고 있다고 표현되기도 한다.

(5) 자원

특정한 상태를 만들거나 회복하기 위해 사용되는 역량이나 능력, 요소를 자원으로 은유한다. 자원은 도구나 사람, 조직처럼 눈에 보이는 형체가 있는 것일 수도 있고, 기술이나 지식처럼 눈에 보이지 않는, 형체가 없는 것일 수도 있다.

자원으로 은유되는 것들은 어떤 목적을 성취하게 해주는 매개체들이다. 자원은 뭔가를 할 수 있도록 도와주는 요소이다. 자원은유를 통해 우리가 원하는 것, 과대평가하는 것, 과소평가하는 것, 그리고 인생을 더욱 풍요롭게 만들기 위해 사용하는 것들 대부분을 이해하고 경험할 수 있을 것이다.

원관념	감정, 욕구, 도덕성, 사고, 사회·국가, 정치, 경제, 인간관계, 의사소통, 시간, 삶과 죽음, 종교, 사건과 행동
유사성	균형, 변화, 여행, 그릇, 자원 ……
보조관념	신체, 건강과 질병, 동물, 식물, 건물과 건설, 기계와 도구, 게임과 스포츠, 돈과 경제적거래, 요리와 음식, 열과 차가움, 빛과 어둠, 힘, 움직임(여행)

개성 있는 글쓰기를 위한 나만의 감성표현 연습

04. 신선한 비유 만들기

　어떤 작품을 '시적이다'라고 하는 건 '표현이 인상적이다', '강렬하다'는 뜻일 터다. 자신의 글을 시적으로 다듬고 싶다면, 첫 번째 단계로 작품에 들어 있는 구체적인 요소를 엄선하여 압축해야 한다. 가능한 한, 이미지의 스펙트럼을 내 의도에 어울리는 함의를 가진 요소들로 엄격하게 좁혀야 표현이 강렬해진다. 이야기 속의 요소 하나하나가 다른 이미지나 요소와 관련지어지도록 범위를 좁히는 것이다.
　흔히 상상력이라고 부르는 것은 현재는 없는 이미지를 새로이 창조해내는 능력을 뜻한다. 모티프를 활용하여 작품의 통일된 이미지를 만드는 것이 중요하다. 그러려면 비슷한 스펙트럼 안에 들어 있는 이미지들이 글의 처음부터 끝까지 꾸준하게, 그러면서도 다양하게 반복되어야 한다. 또한 그 반복은 은밀하게 진행되어야 한다. 한두 가지 고립된 상징이나 은유는 거의 효과가 없다. 중요한 점은 모티프가 눈에 띄지 않을 정도로 미묘하게 반복되어야 한다는 사실이다. 은유는 독자가 의식적으로는 알아차리지 못할 때 정서적인 울림이 커지기 때문이다.

문학에서의 은유는 심층은유에 적절하게 바탕을 두고 비관습적인 요소들을 변주하면서 조합해야 한다. 그런 의미에서 예술적 창조성이란 일상적인 상식을 바탕으로 발휘된다고 할 수 있다. 즉 소를 본 적도 없는 독자를 대상으로 '오뉴월의 쇠 불알처럼 늘어졌다(축 쳐졌다는 비유)'고 말해봐야 아무 것도 환기시키지 못한다.

따라서 일상적인 언어와 사고라는 관습적이고도 상식적인 재료를 갖고 참신하고 비관습적인 언어와 이미지를 창조해낼 필요가 있다. 그러기 위해 보통은 '확장하기, 정교화하기, 질문하기, 조합하기'라는 네 가지 기법으로 신선한 비유를 창조한다.

01 | 확장하기

'인생은 여행'이라는 비유는 관습적으로 많이 사용된 것이다. 거기에 비관습적인 요소를 집어넣으면 새로운 은유를 창조할 수 있다.

예를 들면 '인생의 길 한가운데서 어두운 숲에 있는 나를 발견했다'는 단테의 『신곡』에 나오는 시구가 바로 그러하다. '인생은 여행'이라는 관습적 은유에 '어두운 숲을 통과해간다'는 비관습적인 요소를 넣어 새로운 표현이 되었다.

02 | 정교화하기

관습적인 은유를 특별한 방법으로 세분화하면서 구체화시키는 방법이다. 이미 있는 상식적인 표현에 새로운 요소로 변형하는 대신, 이미 있는 요소들을 새롭고 비관습적인 방법으로 세세하게 포착해나가는 것이라고 할 수 있다.

예를 들면 '숲속에는 두 갈래 길이 있었다. 그중 나는 가지 않은 길을 택했다'는 프로스트의 시구는, '인생은 여행이다'라는 관습적인 은유를 바탕으로 '갈림길에 망설인다'는 비관습적인 요소를 세분화하여 구체화시키면서 새롭게 표현해낸 것이다.

도종환 시인의 「가구」라는 시를 보자.

> 아내와 나는 가구처럼 자기 자리에
> 놓여있다 장롱이 그렇듯이
> 오래 묵은 습관들을 담은 채
> 각자 어두워질 때까지 앉아 일을 하고 있다
> 어쩌다 내가 아내의 몸을 열고 들어가면
> 아내의 몸에서는 삐이걱 하는 소리가 난다
> 나는 아내의 몸 속에서 무언가를 찾다가
> 무엇을 찾으러 왔는지 잊어버리고
> 돌아나온다 그러면 아내는 다시
> 아래위가 꼭 맞는 서랍이 되어 닫힌다
> 아내가 내 몸의 여닫이 문을

먼저 열어보는 일은 없다

나는 늘 머쓱해진 채 아내를 건너다보다

돌아앉는 일에 익숙해져 있다

본래 가구들끼리는 말을 많이 하지 않는다.

그저 아내는 방에 놓여 있고

나는 내 자리에서 내 그림자와 함께

육중하게 어두워지고 있을 뿐이다.

〈도종환, 가구〉

이 시는 집을 '사람을 담는 그릇'으로 보는 관습적인 심층은유를 바탕으로 한다. 집안에 장기간 비치되어 있는 가구와 집에 있는 것처럼 보이는 아내와 집에 머무르며 일하는 나를 유사성으로 견주어 나열하고, 점차 세분화하는 식으로 상상의 나래를 편다. 좀 더 정교화하여 마음의 교류를 가구의 문을 열고 닫는 구체적인 행동에 빗대어 표현했다. 가구들끼리의 교류가 제한적이라는 단서가 달리면서 아내와 나의 별말 없는 생활 풍경을 은유하는 것으로 끝맺음한다.

03 | 질문하기

평범하고 일상적인 은유의 적합성에 의문을 제기하거나 이미 수용되고 있는 은유가 타당한지를 묻는 것이다. 예를 들면 '인생은 시간을 통한 여행'이라는 관습적인 은유 대신 '인생은 우주 속의 항해'로 시각을 바꾸는 것이다.

04 | 조합하기

여러 가지 은유를 섞어 새로운 이미지를 만드는 것이다. 셰익스피어의 「소네트」를 보자.

> 내 안에서 당신은 그날의 황혼을 본다.
> 해가 서쪽으로 지고난 후에
> 머지않아 검은 밤이 황혼을 가져가면
> 죽음은 모두를 휴식으로 봉해버린다.

'빛은 실체', '사건은 행동', '인생은 귀중한 소유물', '일생은 낮', '인생은 빛' 등 적어도 다섯 가지 일상적인 은유가 조합되어 있다.

개성 있는 글쓰기를 위한 나만의 감성표현 연습

05. 참신한 이미지 표현

01 | 이미지/감각 개발 1

사람이나 사건을 아래 보기에 나오는 단어들(이외 다른 어떤 단어여도 괜찮다.) 중 하나를 키워드로 삼아, 어떻게 은유로 표현할 수 있을지 연구하고 써보자.

바람	등불	달	집	검	해바라기
태양	나팔	우물	달동네	옥탑방	
호랑이	철새	고래	여우	토끼	…

1단계 : 기억 속에서 강력한 인상을 남긴 사건이나 사람을 떠올린다.
2단계 : 글감에 어울리는 긍정적인 느낌 또는 부정적 느낌을 불러일으키는

강력한 이미지를 하나 선택한다.
3단계 : 그 이미지를 시각화하고 느껴본다.
4단계 : 그 이미지를 구체적으로 묘사하면서 글 속에 자신의 느낌도 드러나도록 한다.

예문 1

그 애를 자세히 관찰하게 된 건 드로잉 수업 시간이었다. 우리는 짝이 되어 서로의 얼굴을 그렸다. 내 그림 속 그 애는 오밀조밀한 이목구비를 가지고 있었는데, 그 중에서도 새까맣고 동그란 눈이 꼭 콩을 닮았다.

눈 말고도 그 애의 생김새는 콩을 닮았다. 체구도 조그맣고 얼굴도 동글동글했다. 걸음걸이도 발랄해서 꼭 콩이 통. 통. 통. 튀어 다니는 것 같았다.

한 번은 그 애가 수첩에 글씨 쓰는 걸 봤는데, 정말 콩알만큼 작았다. 그 애다운 글씨체라고 웃음이 나왔다.

성격도 콩을 닮았다. 말이 많은 편은 아닌데, 콕 하고 던지는 한마디가 타이밍이 절묘하게 들어맞아 웃음을 준다. 그래서 할 말을 다 하는 것처럼 보이지만, 생각해보면 정작 중요한 얘기는 제대로 하지 않는다. 그럴 땐 콩은 콩인데 아직 콩깍지 속에 있는 콩 같다. 겉모습은 반듯하고 동그란 까만 콩인데, 가끔 보이는 독특한 행동거지를 보면 어쩌면 세모난 콩이거나 별 모양 콩일지도 모른다. 색깔도 핑크색이거나 보라색일 수도 있다. 빨리 콩깍지가 벗겨지면 좋겠다.

예문 2

그와 그녀는 파란 밤의 한가운데 바닥부터 돋을 서 있는 등갓이다. 그들이 뿜는 노랑빛에 끌려 집에 있던 사람들이 문을 열고 하나둘씩 등갓 주위로 둥글게 모여든다. 따뜻한 빛을 받자 사람들은 금세 두런두런 이야기꽃을 피운다. 점차 등갓의 색은 연해진다. 사람들은 오랫동안 웃고 떠든 다음 내일을 약속하곤 잠자러 집으로 돌아가 버린다. 두 개의 등갓은 파란 밤의 한가운데 그냥 서 있다.

02 | 이미지/감각 개발 2

어린 시절이나 청년기에 깊은 인상을 남긴 사건들 중 글감이 될 만한 것들의 리스트를 뽑아본다. 그중 하나를 선택해서 이미지와 감각이 자연스럽게 떠올리도록 눈을 감고 명상한다. 마치 시간이 흐른 뒤 다시 꺼내본 정지된 스냅사진처럼 그 사건이 정경으로 머릿속에 그려질 때까지 상상하는 것이다.

그런 다음 머릿속 스냅사진을 글로 베껴서 그린다는 자세로 쓴다. 기억에 떠오르는 냄새, 맛, 촉각, 시각, 청각 등 오감의 감각을 천천히 떠올리고 곱씹으며 쓰면 좋다. 무리하게 비유하려고 하지 말고 저절로 흘러나오도록 기다리면서 천천히 주의 깊게 세부묘사를 해나간다. 묘사할 때 행복하다거나 슬프다거나 하는 단어로 규정짓고 꼬리표를 붙이기보다는, 감각을 전달할 수 있도록 가능하다면 분명하게 이미지들로 그려낸다. 느낌을 직접 말하기보다는 이미지가 내 느낌을 표현할 수 있도록 한다.

아래 글은 인물을 다른 사물에 비유한 다음, 기억을 이미지화, 형상화해서 쓴 수강생의 글이다. 친구의 외모와 성격을 추출하여 구체적인 사물에 빗대어 그 특성을 잘 표현하였다. 아래 글처럼 인물과 보조관념의 유사성이 도드라지도록 인물의 캐릭터를 표현해보자.

요즘은 TV뉴스나 인터넷기사에서 충격적인 소식을 접할 때가 많다. 각양각색의 사건사고가 매일같이 터지는 세상이지만, 그중에서도 내가 가장 유심히 보는 사건은 층간소음이나 보복운전과 같이 사소한 발단에서 비롯된 우발적 범죄들이다. 혹시 범인이 내가 아는 사람이 아닐까 하는 생각이 들어서다. 그리고 그 생각의 끝에는 늘 똑같은 녀석이 서 있었다.

녀석과는 고교시절에 만났다. 애석하게도 첫 만남은 기억나질 않는다. 내가 아는 건 녀석이 나와 친한 친구들 틈에 언젠가부터 끼어 있었다는 것이다. 우리는 녀석을 개뼈라 불렀다. 거기엔 두 가지 이유가 있었다. 우선 첫 번째로 녀석이 말라도 너무 말라서였다. 키가 175였는데 몸무게는 표준체중에 훨씬 못 미치는 45킬로그램이었다. 그야말로 바람만 세게 불어도 날아갈 것 같았고, 실제로도 강풍이 몰아치는 날이면 몸의 중심을 잃고 휘청거리는 일이 있었다. 그 일로 친구들 중 한 놈이 살 좀 찌우라고 빈정거리자 녀석은 '스트레스만 없으면 쪄.'라고 대수롭지 않게 대꾸했다. 그리고 어느 날 사건이 있었다.

당시 우리는 당구에 푹 빠져있었고 그날도 하교하자마자 학교 앞 당구장으로 향했다. 가는 길목에는 시장으로 이어지는 횡단보도가 하나 있었는데, 늘 사람이 붐볐다. 우린 실없는 농담을 주고받으며 녹색 신호에 길을 건넜다. 그런데 횡단보도 한가운데를 검은색 승용차가 가로막고 있었다. 차폭이 상당히 큰 외제 차였고, 덕분에 우리는 그 차의 앞이나 뒤쪽으로 돌아서 길을 건너야 했다. 물론 길을 건너는 모든 사람들이 그래야만 했다. 그때였다. 개뼈는 우릴 따라오지 않고 그 검은색 승용차 앞에 우뚝 선채 고래고래 소리를 지르기 시작했다. "개새끼야! 여기가 정지선이냐? 왜 너 하나 때문에 사람들이 불편하게 길을 건너야 돼? 뭔데 너 이 새끼야!" 우리는 불같이 화를 내고 있는 개뼈의 행동에 당황했다. 그냥 오라고 소리쳤지만 녀석은 우릴 쳐다보지도 않았다. 차 안의 운전자는 노발대발하는 개뼈의 행동에 묵묵부답, 차창조차 내리지 않았다. 그 사이 신호등이 점멸하고 있었다. 신호 바뀜을 알리는 카운트다운이 시작되었다. 5, 4, 3, 2, 1. 빨간 신호의 점등과 동시에 개뼈의 발차기가 사이드미러를 박살냈다. 그날 우리는 개뼈 덕분에 난생 처음으로 경찰서를 구경했다. 이후 개뼈의 아버지가 차주에게 변상금을 물어주고 사죄하는 것으로 다행히 사건은 일단락되었다. 하지만 그 뒤로도 개뼈의 분노는 여러 상황에서 끊임없이 이어졌다. 전철에서 노인에게 자리를 양보하지 않고 자는 척(실제론 잤을 수도 있다) 하는 사람의 머리통을 때린다던가, 사람이 지나는 길목에 침을 뱉는 사람들에게 다가가 그들 얼굴에 침을 뱉는 등, 이런 저런 사건을 포함하면 그 횟수를 헤아릴 수 없을 정도였다. 녀석은 타인의 이기심으로 자신이나 다른 누군가가 조금이라도 피해를 입는 것을 참지 못했다. 언제, 어떤 상황에서건 개처럼 짖고 개처럼 달려들었다. 설령 곤죽이 되도록 맞더라도 그렇게 했다. 이것이 우리가 녀석을 개뼈라 부르게 된 두 번째 이유였다. 내가 개뼈를 마지막으로 본 건 2학년이 끝나갈 무렵이었다. 녀석은 소풍가는 아이처럼 들뜬 얼굴을 하고선, '정신병원 간다.'하고 히죽거리며 학교를 떠났다. 지금은 아무도 녀석의 소식을 알지 못한다.

〈박남준〉

03 | 감각으로 세밀하게 나눠 살피기 : 감정을 3단계로 나눠서 살피기

감정이란 대부분 생각에 대해 몸이 반응하는 것이다. 실제로는 아무 일이 일어나지 않았는데도 침대에 누워 과거의 분했던 일을 떠올리면 몸이 떨리고 머리가 뜨거워지며 숨이 가빠지기도 한다.

따라서 감정을 느낀 순간을 세밀하게 살펴서 3단계로 표현해보자. 특정한 감정을 느낀 순간을 떠올린 다음 그 순간으로 돌아가 음미하고 글로 세세하게 표현해본다.

1단계: 생각의 과정(뇌리를 스치는 생각)
2단계: 감각적인 경험(정서적인 변화)
3단계: 신체적인 현상(몸의 변화)

예시: 우울한 감정

1단계 : 생각의 과정

고요하다. 설명할 수 없이 먹먹하다. 어디서 오는 걸까, 왜 그런 걸까, 생각해본다. 올해도, 작년도, 재작년에도, 아주 어렸을 때부터 그랬다. 일어나면 한동안 가슴이 먹먹하다. 이렇게 자주 겪는데도 어째서 조금도 익숙해지지가 않을까. 앞으로도 쭉 이런 기분을 느끼며 살아야 하는가 생각해본다. 불안하다. 낯설고, 어색하다. 오늘은 사람들을 만나 어떤 표정을 짓고, 어떤 말을 해야 하는지 시뮬레이션을 한다.

2단계 : 감각적인 경험

짙고 푸르다. 가슴 속에 물이 한가득 차서 출렁인다. 이내 넘쳐흘러 방 안에 물이 가득 찬다. 물을 따라 나도 출렁인다. 마음먹은 대로 몸을 움직일 수가 없다. 귀에 '삐~' 소리가 난다. 이대로 잠겨버릴 것 같다. 탁. 배수구를 찾았다. 물이 조금씩 빠져 나간다. 하지만 나는 이미 젖을 대로 젖어서 파랗게 물들어 있다.

3단계 : 신체적인 현상
심장 박동이 느리다. 일어나고 싶은데 호흡이 갑갑하다. 몸에 한기가 돈다. 팔과 다리가 두어 번 움찔한다.

04 | 감정·이미지 표현 연습 : 감정을 다섯 가지로 비유하기

아래의 빈칸을 채우는 방식으로 기쁨, 슬픔, 두려움, 당혹감 등 자신의 감정들을 다섯 가지로 표현해보자. 이 연습에서는 무엇보다 남다르고 인상적인 표현을 찾는 게 중요하다. 또한 나의 표현을 듣고 다른 사람들도 그런 감정으로 느껴진다고 수긍할 수 있도록 상식적인 눈높이를 지켜야 한다.

기쁨이 물감이라면 .... 색일 것이다.
기쁨이 계절이라면 .... 한 장면일 것이다.
기쁨이 장소라면 .... 인 풍경일 것이다.
기쁨이 소리라면 .... 인 음악일 것이다.
기쁨이 물건이라면 .... 일 것이다.

슬픔이 물감이라면 ……………………………………………… 색일 것이다.
슬픔이 계절이라면 ……………………………………… 한 장면일 것이다.
슬픔이 장소라면 …………………………………………… 인 풍경일 것이다.
슬픔이 소리라면 …………………………………………… 인 음악일 것이다.
슬픔이 물건이라면 ………………………………………………… 일 것이다.

두려움이 물감이라면 …………………………………………… 색일 것이다.
두려움이 계절이라면 ……………………………………… 한 장면일 것이다.
두려움이 장소라면 ………………………………………… 인 풍경일 것이다.
두려움이 소리라면 ………………………………………… 인 음악일 것이다.
두려움이 물건이라면 ……………………………………………… 일 것이다.

당혹감이 물감이라면 …………………………………………… 색일 것이다.
당혹감이 계절이라면 ……………………………………… 한 장면일 것이다.
당혹감이 장소라면 ………………………………………… 인 풍경일 것이다.
당혹감이 소리라면 ………………………………………… 인 음악일 것이다.
당혹감이 물건이라면 ……………………………………………… 일 것이다.

예시

기쁨이 물감이라면 무더운 여름날 밤하늘에 팡팡 터지는 폭죽의 무지개색일 것이다.

기쁨이 계절이라면 뜨거운 햇볕과 한줄기 바람이 살랑거리는 여름날일 것이다.

기쁨이 장소라면 구름 한 점 없는 하늘 아래 펼쳐진 해바라기 밭일 것이다.

기쁨이 소리라면 작은 종들이 죽 늘어뜨려져 번갈아 울리는 노래일 것이다.

기쁨이 물건이라면 이사할 때 우연히 찾아낸 돈다발일 것이다.

슬픔이 물감이라면 손에 빈틈없이 범벅칠 되어 있는 검은 잉크색 물감일 것이다.

슬픔이 계절이라면 우산을 써도 비를 맞아야 하는 폭우내리는 장마철일 것이다.

슬픔이 장소라면 가족이 모두 떠나버려 혼자 들어가야 하는 불 꺼진 거실일 것이다.

슬픔이 소리라면 약하지만 싸하게 들리는 여자아이의 울음소리일 것이다.

슬픔이 물건이라면 며칠 전 죽은 강아지가 구석에 싸놓은 굳은 똥일 것이다.

두려움이 물감이라면 스쿠버다이빙에서 깊이가 짐작되지 않는 바다의 검푸른 색일 것이다.

두려움이 계절이라면 태풍으로 모두가 숨죽이며 지나가길 기다리는 초가을일 것이다.

두려움이 장소라면 이상한 빨간 풀들이 끝없이 덮인 알 수 없는 벌판일 것이다.

두려움이 소리라면 다른 소리를 다 덮어버리는 쿵쾅거리는 굉음일 것이다.

두려움이 물건이라면 폭풍에 쓰러져 있는 거대한 나무둥치일 것이다.

당혹감이 물감이라면 모욕감을 숨기지 못해 빨갛게 달아오른 내 얼굴색일 것이다.

당혹감이 계절이라면 더운 줄 알고 나왔는데 찬바람이 파고드는 간절기일 것이다.

당혹감이 장소라면 놀고 돌아가는 새벽에 출근하는 이들이 우르르 타는 지하철일 것이다.

당혹감이 소리라면 '그만 됐어'라고 속삭이는 사랑하는 이의 목소리일 것이다.

당혹감이 물건이라면 찢어져 쓰레기통에 버려져 있는 내 일기장일 것이다.

논픽션의 경우, 사실과 의견(느낌이나 인상, 소감을 포함)을 확실하게 구별해서 사실을 사실이라도록 기술해야 한다. 이것이 정확성이다. 인터넷 블로그 같은 걸 운영할 때 사실과 의견을 엄밀히 구별해서 쓰는 습관을 들인다면, 블로거의 이름만으로도 읽는 이들이 신뢰하게 만들 수 있을 것이다.

4장

직접 읽고, 써보는 실전 글쓰기

직접 읽고, 써보는 실전 글쓰기

01. 쓰기에 앞서

　여기서 안내하려는 형식들은 주로 논픽션에 포함될 것이다. 서사, 즉 내러티브는 만들어진 허구를 들려주는 픽션과 실제로 있었던 일을 들려주는 논픽션으로 나뉜다. 픽션의 대표격인 소설과 비교한다면 논픽션은 자신이 알고 있는 것에 더해 현실에서 직접 관찰하고 새롭게 발견한 것들을 직설적으로 표현한다는 매력이 있다. 때문에 논픽션을 읽는 독자는 자연히 현장감과 생동감을 기대한다. 또 영상 내러티브와 비교한다면, 문자로 표현되는 논픽션은 글쓴이의 의견을 직접 진술하거나 읽는 이에게 말을 걸고 대답하고 분석하며 인물의 심리를 설명하듯이 내놓을 수 있다는 장점을 갖고 있다.
　논픽션의 경우, 사실과 의견(느낌이나 인상, 소감을 포함)을 확실하게 구별해서 사실을 사실에 부합하도록 기술해야 한다. 이것이 정확성이다. 인터넷 블로그 같은 걸 운영할 때 사실과 의견을 엄밀히 구별해서 쓰는 습관을 들인다면, 블로거의 이름만으로도 읽는 이들이 신뢰하게 만들 수 있을 것이다.

사실 문장과 의견 문장의 차이를 정리해보자.

01 | 사실 쓰기

사실이란 실제로 일어난 것, 현실에 존재하는 것으로서 누구나 조금만 품을 들이면 맞는지 틀린지 알 수 있다.

논픽션은 사실을 바탕으로 하는 글이므로 의견을 내놓기보다는 목적에 맞는 구체적이고 확실한 사실을 충분히 수집해서 쓰는 게 중요하다. 본격적인 여행기나 리포트가 아닌 일상적이고 사소한 소재를 이야기할 때도, 사실을 충분히 제시하고서 그에 근거해 의견을 내놓으면 읽는 이의 공감 정도가 높아진다. 그러므로 읽는 이가 상황을 그릴 수 있도록 구체적이고 정확하고 객관적인 사실들을 늘어놓은 다음, 사실에 근거해서 나온 의견을 간결하게 덧붙이면 좋을 것이다.

사실을 쓰는 순서는 다음과 같다. 먼저 사실을 온전하게, 충분히 수집해야 한다. 어느 관점, 어느 논점에서 조사를 하든 명확하게 본질에 접근하는 사실들을 많이 모으도록 한다. 사실은 살아 있는 정보를 제일로 친다. 살아 있는 정보란 글쓴이가 현장에서 직접 보고 듣고 체험한 것을 가리킨다. 그런 사실은 신선함, 특별함, 생동감을 갖고 있기 마련이다. 더하여 책이나 미디어 자료를 조사해서 사실을 수집하는데, 인용된 내용을 다시 가져다 쓰려고 한다면 그냥 인용하지 말고 원전을 찾아서 확인을 해야 한다.
  수집된 사실을 글로 쓸 때, 하나의 정보는 하나의 문장으로, 수식어는 최대한으로 줄이고 명사, 서술어(명사+이다)를 뼈대로 쓴다. 구체적이고 객관적으로 쓸수록 정보가치가 높아지고 설득력도 강해진다.

02 | 의견 쓰기

  의견의 종류는 많다(주장, 견해, 소감, 반성, 제안, 대책, 예측, 전망, 평가, 판단, 고찰 등). 사실을 떠난 상념은 글을 막연하게 만들며, 사실을 무시한 생각의 비약은 의견에 대한 신뢰감을 떨어뜨린다. 구체적인 사실들을 죽 열거한 다음에 의견을 끌어내는 식으로 써야 하는데, 쓸데없이 중언부언하지 말고 요약하듯 간결하게 쓰면 설득력이 높아진다.
  사실과 의견의 흐름, 이야기와의 연결이 도중에 뒤섞이거나 바뀌지 않도록 신경 쓴다. 특히 처음에는 의견이라고 내놓았다가 나중에 사실인 양 취급하면 안 된다. 그렇게 되면 일관성을 잃고 설득력이 사라진다. 사실과 의견의 순서를 일목요연하게 정돈해서 써야 애쓰지 않아도 설득력이 생긴다. 의견을 피력할 때는 사실을 냉정하게 분석, 판단해서 논리적인 흐름을 타도록 하면 더욱 좋다. 이런 부분이 허술하면 글에서 제시한 사실까지도 의심스러워 보인다.
  의견을 쓸 때는 '~라고 생각한다' 같은 서술어를 반드시 붙이도록 한다. 만약 생각한다는 말이 자꾸 반복된다면 그를 대신할, 의견임을 알리는 다른 서술어를 찾아서 쓴다. 혹은 한 문단 안에서 반복되는 '생각한다'는 말을 생략하고 문단이 시작되는 문장과 끝나는 문장에만 '생각한다'는 서술어를 넣는다.

일상적인 글에서 의견과 사실을 나눠서 쓰는 예

① 봄이 되고 옷이 얇아지면 슬슬 다이어트를 하려는 환자들이 하나 둘 나타난다. ② 진료실 문이 열리고 큰 곰 한 마리가 들어오는 것 같았다. ③ 얼굴에도 성인 여드름이 턱 주변으로 잔뜩 돋아나 있었다. ④ 키는 170에 몸무게가 90이 넘는 거구였다. ⑥ 나는 오히려 의욕이 넘쳤다. 곰의 몸 안에서 사슴 한 마리가 보였다. ⑦ 어머니 손에 이끌려 왔다. 엄마가 대변인이다.
"한 20킬로 이상 뺄 수 있을까요?"
⑧ 정작 본인도 의지가 있어서 왔는지 궁금했다.
⑨ 말없이 고개를 끄덕였다. ⑩ 무표정이었지만 손에 힘이 들어가고 어금니를 깨물어 보였다.

이 글은 의견이 많은 반면, 이야기의 뼈대 구실을 하는 사실은 명확하게 표현되어 있지 않다. 사건이나 행동도 의견 문장처럼 들어가 혼란스럽다. 읽어 보면 설명을 듣는 것처럼 느껴지고, 머릿속에 그림이 그려지지가 않는다.
②번 문장은 의견이다. '진료실 문이 열렸다, 환자가 들어왔다'는 변화를 알려주는 정보가 있어야 하는데 사실을 생략하고 의견부터 내놓았다. 움직임이나 사실을 알려주는 문장부터 제시하여 차곡차곡 그림을 그리고, 이어서 내 소감이나 인상, 의견을 간결하게 덧붙여야 정황이 그려진다.

① 봄이 되고 옷이 얇아지면 다이어트 환자들이 하나 둘 나타난다.

② 진료실 문이 열렸다. 모녀가 나타났다. 나도 모르게 딸 쪽으로 시선이 갔다. 20대 초반 대학생인 듯 했다. ④ 키 170에 체중은 90이 넘어보였다. ③ 턱 주변엔 성인 여드름이 잔뜩 돋아나 있었다. (정보를 늘어놓을 때 '중요한 것, 눈에 먼저 들어오는 것부터 혹은 전체 모습에서 세부'로, '개략적인 것에서 디테일한 것'으로. 순서를 지켜서 써야 읽을 때 잘 읽힌다.) ⑤ 보기가 안쓰러웠다. (정보를 충분히 나열했으면 그 정보들에 대한 내 의견을 밝힌다.)

"한 20키로 이상 뺄 수 있을까요?"

엄마가 말했다.(위의 대사를 누가 말했는지를 밝힌다.)

⑦ 엄마가 대변인이다. 엄마 손에 이끌려온 듯 했다. (그 행동에 대한 내 의견을 덧붙인다.) ⑧ 정작 본인도 의지가 있는지 궁금했다. 내가 물었다.

"정말 살 빼고 싶어요?"(다음 ⑨번 문장이 나오려면 질문이 나와야 한다.)

⑨ 그녀는 (주어가 생략되면 안 된다.) 말없이 고개를 끄덕였다. ⑩ 무표정했으나 손에 힘이 들어가고 어금니를 깨물었다. ⑥ 투지가 느껴졌다. 곰의 몸 안에서 사슴 한 마리가 보였다. (거기까지 펼쳐놓은 상황에 대한 나의 생각이나 판단을 밝힌다.)

02. 일상의 단면, 자기 이야기 쓰기

 자기 이야기에 담아야할 것은 '사람, 장소, 사건, 일화, 생각' 같은 아주 세부적인 내용이다. 특별한 디테일이 하나의 실마리가 되어 기억을 탐색하게 되었다면 자기 이야기 쓰기는 쉽게 진행될 것이다.
 '자서전'이 태어나서 지금까지 살아온 나의 생애 전체를 담는다면 '자기 이야기'라는 겸손한 글쓰기는 내가 선별한 기억들을 따라가면서 내 인생을 들여다보고 의미를 찾는 작업이다. 지나온 나의 역사를 편집하고 선택한다는 점에서 앨범을 정리하는 일과 비슷하다고 할 수 있겠다. 앨범 속 스냅 사진들은 순간의 인생을 보여줄 뿐 인생 전체를 다 담고있지는 않다. 따라서 자기 이야기를 잘 쓰려면 지나온 삶을 의도적으로 편집할 줄 알아야 한다. 무작정

이런저런 일화를 늘어놓기보다 내가 말하려는 주제에 따라 일화들을 선별해서 하나의 흐름을 이루도록 재구성하는 것이다. 특정한 디테일을 좇아서 탐구하는 방식은 내가 말하고자 하는 바를 쉽게 표현하도록 도와준다. 흩어져 있는 기억들과 산발적으로 떠오르는 일화들을 모아서 하나의 줄거리로 꿰어 이야기를 만든다고 생각하고, 구성을 정밀하게 계산해서 짜고 기억은 잘 선별하도록 한다.

이런 글에서 '진실'이란 객관적인 것이 아니라는 걸 명심하자. 진실은 창조되어야 하는 것이다. 내가 주장하는 진실을 읽는 이들도 진실이라고 믿게 만들어야 하는데, 비결은 디테일을 잘 살리는 데 있다. 소리, 촉감, 냄새, 노래 등 글에 등장하는 어떤 디테일이든 내 인생의 단면을 말하고 기억을 끌어내는 데 도움이 되는 것이어야 한다.

자기 이야기에서 가장 중요한 것은 주인공인 자신이다. 소리와 노래, 풍경, 어떤 장소에 대한 기억, 사건들은 사람을 드러내는 도구나 배경에 불과하다. 내가 경험해온 사람들을 하나씩 불러내어 말을 시키면 멋진 이야기가 탄생할 것이다. 나에게 질문을 던져보자. "왜 그들이 내 기억에 남아 있는가?" 답을 찾으려고 애쓰는 동안 이야기가 저절로 흘러나오게 될 것이다.

물론 등장인물 중 가장 흥미로워야 할 사람은 나 자신이다. 나-관찰자가 아닌, 나-주인공 관점으로 이야기를 해야 한다. 모든 것은 나를 중심으로 돌아가고 내가 접하고 관찰한 것, 발견한 것이 주된 내용이 되어야 한다. 그렇다고 '기뻤다, 슬펐다'는 식으로 막연하고 두루뭉술한 표현을 하면 안 된다. 그런 감정을 일으킨 내용, 그 디테일이 적확하게 그려진다면 멋진 글이 될 것이다.

다음은 자기 이야기 쓰기의 첫 부분이다. 이처럼 최초의 기억이나 어린 시절 가장 인상 깊었던 일로 이야기를 시작하여 기억에 몸을 내맡기고 편안하게 써내려간다.

예문 1

나는 포장되지 않은 신작로를 울면서 뛰어간다. 예순이 언니가 튼실한 팔로 나를 번쩍 들어서 업는다. 짙게 립스틱을 바른 엄마는 종종걸음 치며 멀어지고 있다. 나는 네다섯 살쯤, 머리는 양쪽 귀 옆으로 바싹 묶었다. 기억의 첫 번째 영상은 여기까지이다.

내 고향은 전남 장흥. 군청소재지이며 5일장이 서고 초등학교 2개, 중학교, 고등학교가 있는 꽤 큰 소읍이다. 기차역 주변에 극장, 양장점, 중국집, 소방서, 경찰서 등이 늘어서 있고 얕은 언덕배기엔 좋은 냄새가 나는 성당과 공원도 있다. 어머니는 원래 읍내에서 살던 사람이고 아버지는 옆 동리 출신이라고 했다. 어머니와 이모들은 다들 고만고만한 사무직 남편들을 만나 외갓집 가까이에서 살고 있었다. 어머니는 젊고, 친구들이 많고 활동적이라 자주 오빠와 나를 외가에 맡기고 외출하곤 했다. 오빠는 또래인 사촌들과 온 읍내를 돌아다니며 놀았다. 나는 외가에 남아 할아버지, 할머니랑 밥을 먹고 마당에서, 우물가에서, 감나무 밑에서 혼자 놀았다. 그날도 아마 어머니는 나를 떼어놓고 놀러가느라 예순이 언니더러 나를 데려가라고 했던 것 같다.

예순이 언니는 외갓집 식모였다. 내가 알기론 외갓집엔 식모가 세 명 정도 거쳐 간 것으로 안다. 다른 이는 얼굴도, 이름도, 기억이 나지 않는데 예순이 언니만은 또렷이 기억난다.

손과 다리가 두툼했고, 채 스무 살이 되지 않았고, 일은 잘했으나 성격이 드세서 이모들과 싸우기도 했다. 이모들은 나를 예순이 꼬붕이라고 불렀다. 예순이 언니를 졸졸 따라다녔고 설거지 할 때는 옆에 쪼그리고 앉아 있었으며 심부름도 잘 했다. 예순이 언니는 겨울이면 귤껍질을 넣어 끓인 물에 세수를 시켜주고 여름이면 소금물에 우린 감을 깎아주었다. 그녀는 외갓집 주변에서 노는 아이들의 질서를 잡아주는 사람이었으므로 나에게는 가장 가까운 권력자였다.

〈최수정, 자기 이야기 1〉

예문 2

할머니가 나를 흔들어 깨웠다. 설날 전날이었다. 차례 지낼 시간이 되었나 보다. 시계를 봤다. 아직 한밤중이었다. 빨리 밖으로 나가야 한다고 재촉하셨다. 겨우 일어나 밖으로 나갔다. 이웃들이 많이 보였고, 철이 타는 냄새가 났다. 돌아보니 우리 집 바로 뒤에 있는 고물상에서 새까만 연기와 노란 불꽃이 올라오고 있었다. 화재가 난 것이다. 순간 '왜 불이 났을까? 설마 우리 집까지 옮겨 붙진 않겠지?' 하는 걱정이 일었다. 곧 소방차가 나타났고, 불은 어렵지 않게 꺼졌다.

다음날, 어른들 말로는 누군가 일부러 불을 지른 것이라고 했다. 범인은 동네 어떤 술집 아들이라고 했다. 중학교 2학년으로 아는 친구 형이었다. 그 친구 얼굴은 평소 때 구정물 같은 걸로 얼룩져 있고, 머리는 엉켜 붙어 있었다. 그에게서 이가 옮아 고생을 한 적도 있었다. 그의 집에 놀러가 보면 아버지는 본 적이 없었고, 어머니도 거의 볼 수 없었다. 사람들은 친구 형이 정신적으로 문제가 많아서 불을 지른 것이라고 했다. 나중에 보니, 고물상뿐 아니라 문방구와 슈퍼에도 불을 질렀다. 다행히 사람은 다치지 않았다고 들었다.

동네에서는 심각한 사건이었지만, 어렸던 내겐 '그래도 우리 집에는 불을 안 질러서 고맙네'란 아이다운 생각이 들었다.

〈김용운, 자기 이야기 2〉

직접 읽고, 써보는 실전 글쓰기

03. 리뷰(비평문), 자기만의 시각으로 풀어내기

　먼저 비평이 어렵거나 거창한 것이라는 생각부터 내려놓을 필요가 있다. 신문이나 잡지 정도로 매체가 제한되어 있던 시대에는 그 분야의 권위자나 박사학위 소지자 같은 일정 자격을 가진 사람들이 공적으로 가치 있다고 간주된 것을 소재로 쓰는 게 비평문이었다. 그러나 이젠 인터넷 환경을 기반으로 의견을 발표할 매체가 폭넓게 불어났다. 공적으로 가치 있는 것만이 아니라 주변의 생활용품, 예술품, 맛집… 그 무엇이든 말할 가치가 있다고 여겨지고 있다. 무엇이 특별히 더 가치 있다는 절대적인 비교가 설득력을 잃는 시대인 것이다. 그러다 보니 비평문 혹은 리뷰는 누구나 쓸 수 있는 것이 되었고, 필자의 권위보다는 글의 질에 따라 주목받을 수도 있는 시대가 되었다.

비평은 어렵거나 대단한 것이 아니다. 우리는 늘 비평이라는 행위를 하고 있다. 친구와 더불어 나누는 잡담에도 비평적인 내용이 수두룩하다. '이 음식은 맛있다. 맛없다', '이 영화는 볼만하다. 아니다', '텔레비전의 어떤 프로그램은 좋다. 싫다', 나아가 '누가 마음에 든다. 안 든다'는 비평도 한다. 동네 아줌마에서 대통령까지, 동네 편의점의 친절 정도부터 호텔 서비스까지, 내 마음에 들고, 들지 않는다고 말할 때 엄밀한 의미에서는 모두 비평이란 행위를 하고 있는 셈이다.

일상글로서의 비평 글은 나의 가치판단을 글로 표현해서 읽는 이가 고개를 끄덕일 수 있게 만드는 정도면 충분하다. 좋다면 왜 좋은지 내가 받은 인상을 세세히 나눠 분석하고 설명하면 된다. 이때 학술적인 어려운 평론 글이 아닌 리뷰 수준이라고 할 때, 그 대상을 해설하고 안내한다는 자세, 혹은 내가 받은 인상을 전달한다는 자세라면 읽는 이가 자연스레 공감하게 될 것이다.

리뷰 글의 성공과 실패는 얼마나 독특한 자기만의 시각 혹은 감식안으로 분석하느냐에 달려 있다. 그러나 너무 애쓰지 말고 진심을 다해 읽는 이를 안내한다는 느낌으로 친절하게 쓰도록 한다.

어떠한 것에 대한 리뷰를 쓰겠다는 생각이 들었다면, 왜 하필 그 대상에 대해 말하고 싶은지? 어떤 인상인지? 자신에게 물어보는 것이 첫 번째 순서다. 또한, '내가 받은 인상을 왜 다른 이들에게 알리고 싶은가? 남들과 다른 특별한 점은 무엇인가?' 등 자신과 진지하게 대화해보고 쓰도록 한다.

리뷰하는 대상에 대한 자신의 인상을 주제로 삼아 글을 시작한 다음 그 인상을 파고들어 설명해간다. 대상의 사회적 맥락도 더불어 훑어볼 수 있다면 금상첨화다. 예를 들어, 라면 맛을 분석하는 글이라면 라면의 역사와 라면의 사회적 역할을 간략하게 덧붙여서 글을 더욱 깊이 있게 만드는 것이다. 예문으로 영화감상 글을 골라 보았다. 이 글을 쓴 이는 영화 자체보다 관람일에 느낀 감상에 더 중점을 두고 썼다.

예문

요즘은 혼자 영화 보러 가는 사람이 있는지 모르겠네요. 저는 오히려 누군가와 같이 영화를 본 경험이 손에 꼽을 정도로 적습니다. 도서관 구석에 틀어박혀 혼자 공부를 하다 마치 방을 환기시키는 기분으로 영화관으로 향하곤 합니다. '발걸음이 가볍다'고 느껴지는 순간입니다. 물론 아무리 마음 내켜도 주말의 골든타임은 피하고 있습니다. 그때 영화관에 갔다간 닭살커플들 사이에서 궁상과 어색함이 섞인 시간을 보내야 할 테니까요. 주로 평일 낮에 멀티플렉스의 팝콘 영화를 피해서 '하이퍼텍 나다, 동숭시네마텍, 아트시네마 선재, 씨네큐브, 필름포럼' 같은 곳엘 갑니다. 〈혐오스런 마쓰코의 일생〉도 그랬습니다. 평일 낮, 소풍가는 기분으로 갔습니다. 표를 사고 상영시간까지 시간이 남았습니다. 재밌게도 영화관 계단 벽은 통유리여서 건너편 건물이 보였습니다. 그쪽도 통유리로 3층까지 커피숍이었습니다. 밖은 눈부신데 통유리 너머의 실내는 컴컴했습니다. 햇볕을 피해 웅크린 인간군상들. 재미있더군요. 그대로 구경할까 했지만 그러기엔 햇살이 너무 좋았습니다. 그런 느낌 다들 있지 않나요? 순간 사라질까 붙잡고 싶은 가녀린 행복감.

밖으로 나와 걸음을 옮기다 보니 청계천에 닿았습니다. 내려가 하천 가장자리의 계단에 앉았습니다. 햇살이 부드럽고 따뜻했습니다. 다리를 쭉 펴고 계단에 등을 기대 앉아 있으니 정말로 소풍 나온 듯 행복해지더군요. 꼭 햇살을 말하고 싶습니다. 마치 병아리 털을 만지는 것 같이 모든 것을 푸근하게 감싸 안는 행복한 햇살.

점차 주변이 의식되었습니다. 애타게 우는 아이들, 남루한 노숙자들, 어디로 가야 할지 모르는 정장 입은 청년들, 귀를 거스르는 차 소리들…. 햇살은 모든 것을 너그럽게 감싸 안았지만 그 아래 펼쳐지는 인간의 삶은 오히려 그 빛에 남루함과 적막함이 드러나고 있었습니다.

스냅사진을 찍는다면 모순된 이런 광경을 담아야 하지 않을까요. 허샤오시엔 감독은 이렇게 말했죠. 나뭇잎이 가지에서 떨어지는 순간을, 땅에 닿기까지의 그 순간을 영화로 만들고 싶다고. 영화 속에 만들어진 순간은 낮과 밤이 함께 박제되어 있습니다. 또 박제되었으니 영원하지만 한편으로는 찰나이기도 합니다. 어쩌면 이렇게 글을 쓰는 것도 그 순간을 박제하려는 것인지도 모릅니다.

〈혐오스런 마쓰코의 일생〉은 환한 햇살 뒤에 감춰진 음울한 어둠이 언뜻언뜻 엿보이는 영화였습니다. 카메라와 편집이 통통 춤추고 있어 수염난 아저씨 감독이 만든 영화라고 믿기 힘들었습니다. 혐오스럽지만 발랄한 인생이라니. 모순어법은 달콤 쌉사름한 맛을 불러일으켰습니다. 화려하지만 안쓰러워 외면하고 싶어지는 난처함이 뒤섞인, 맘껏 연민하는 것조차 주저스러워 그저 물끄러미 바라보게 만드는.

영화가 끝나 밖에 나왔을 때 밖은 캄캄했습니다. 빛과 어둠이 격렬하게 교차한 하루. 아무 일 없이 무사히 집에 도착해 불을 끄고 잠자리에 누웠을 땐 격렬한 운동을 한 뒤처럼 한숨이 나왔습니다. 눈을 감으니 환한 햇살 아래서 혐오스런 마쓰코가 발랄하게 춤을 추었습니다.

〈김한준, 혐오스런 마쓰코의 일생을 보고〉

직접 읽고, 써보는 실전 글쓰기

04. 그 사람이 알고 싶다, 인터뷰 글

　인터뷰는 인터뷰이의 머릿속에 감춰져 있는 정보를 끄집어낼 수 있어야 인터뷰다워지고, 인터뷰 글이 읽을 만해진다. 그런 능력을 기르기 위해서는 많이 인터뷰해보는 수밖에 없다.

　인터뷰는 대상을 정하는 게 첫 순서다. 다른 사람이 듣고 싶어 하는 이야기를 갖고 있는 사람, 사람들이 알고 싶어 할 중요하거나 흥미롭거나 특이한 일을 하는 사람, 읽는 이의 마음을 흔들어놓을 수 있는 사연을 가진 사람이면 좋을 것이다.

　대상이 정해지면 사전조사에 착수해야 한다. 인터뷰 시 미리 알고 있어야 할 질문을 하면 무성의해보여 필요한 이야기를 끌어내는 데 장애가 된다. 질문목록을 미리 만들어두도록 한다. 물론 실제 만나서 질문을 하다 보면 목록대로 진행되지 않을 수도 있다. 더 나은 질문이 떠오르거나 인터뷰 대상자가 예상치 못한 방향으로 가기도 한다. 그럴 땐 준비한 질문목록에 구애받지 말고 자신의 직감을 따른다. 대상자가 주제를 심하게 벗어났다면 다시 끌고 돌아오고, 만약 새로운 방향이 더 좋다면 준비해온 질문은 잊고 따라간다.

  대상자를 만나면 서로에 대해 알아보는 시간이 필요하다. 한동안은 가볍게 다른 얘기를 주고받으면서 그가 어떤 사람인지 가늠해보고 나를 신뢰하게 만들어야 한다. 첫 질문은 서먹한 분위기를 누그러뜨릴 수 있는 지엽적인 내용이나 날씨 이야기로 시작한다.(부담스럽지 않을 소소한 선물을 건네는 것도 친밀감 형성에 도움이 된다.) 그런 다음 포괄적인 내용에서 지엽적인 내용 순서로 질문하도록 한다.

  질문은 짧고 명확해야 하며 대답을 '네, 아니오'로 끝낼 수 없도록 물어야 한다. 한꺼번에 질문을 두 개씩 해선 안 된다. 또한, 과거의 사건이나 중요 이슈에 대해 물을 때는 육하원칙(누가, 언제, 어디서, 무엇을, 어떻게, 왜)에 따라 세세하게 묻고 기록해둔다.

  상대의 말을 액면 그대로 받아들이는 것은 인터뷰어로서는 바람직하지 않다. 상대의 진의가 무엇인지, 진실이 무엇인지 가려내야 하며 하나의 대답도 시각을 달리하여 파악하려는 자세가 필요하다.

  에피소드나 일화는 구체적으로 요소요소를 잘 짚듯이 물어보고 잘 기록해둔다. 굳이 녹음을 해야 한다면 미리 양해를 구한다. 녹음기나 노트북은 치워두고 손으로 메모를 하면서 진행하는 게 일반적이다. 인터뷰 대상자가 긴장을 풀고 말할 수 있도록 하기 위한 배려다. 구술과 인터뷰는 다르다. 구술은 말한 대로 녹음을 풀어서 쓰면 되지만, 인터뷰 글은 인터뷰어의 관점에 따라 글의 색채가 달라지고 인터뷰어의 견해나 관점이 반영되게 마련이다.

인터뷰하면서 관찰한 사항들도 매우 중요하다. 예리한 감각으로 상대를 살펴봐야 한다. 중요한 내용인 경우엔 반드시 끝나고 다시 한 번 확인하도록 한다. 인터뷰가 끝나면 보도돼선 안 되는 부분이 있는지 반드시 묻고 확인한다.

인터뷰가 끝나고 헤어지면 놓친 단어들 가운데 기억나는 것은 모두 채워서 문장을 완성해둔다. 책상 앞으로 돌아오면 휘갈겨 쓴 것을 타이핑해서 미리 모아둔 자료와 함께 정리한다. 핵심을 뽑고, 그의 입장을 정확히 나타내는 것, 꽉 짜인 이야기를 만들어낼 요점을 짚도록 한다. 단어를 함부로 바꾸지 말고 문장을 잘못 잘라서 문맥을 왜곡하지 말아야 한다. 말하는 사람이 단어를 신중하게 고르는 사람이라면 그의 말을 그대로 인용해야 하지만, 문장 끝을 흐리거나 생각이 뒤죽박죽이거나 말이 너무 엉켜서 이해할 수 없을 때는 말을 정리하고 끊어진 연결고리를 이어줘야 한다.

인터뷰 글의 도입부는 그 사람의 이야기가 왜 읽을 가치가 있는지를 확실하게 보여줘야 한다. '그가 읽는 이의 시간과 주목을 요구하는 까닭은 무엇인가?'를 중심으로 글을 쓴다. 또한, 그의 말과 내 글이 균형을 이루도록 써야 한다. 인용이 서너 문단씩 이어지면 단조로워지기 때문에, 인용은 인터뷰어가 안내하는 가운데 간헐적으로 등장시킨다.

서술형 인터뷰 글은 그의 인물 됨됨이를 보여주려 할 때 주로 사용한다. 그가 화제가 된 특정한 상황을 그리거나 그 사실을 요약해서 보여주고, 그가 관심을 끌게 된 지금의 특정한 상황을 부연해서 설명한다. 그 다음, 그의 이력을 죽 늘어놓고, 출생부터 현재까지를 주제와 관련하여 요약 편집한 후, 현재로 돌아와 서두에서 다 말하지 못한 내용을 늘어놓는다. 마지막으로 그가 앞으로 어떻게 하려는지 포부를 쓰면서 마무리한다.

일문일답형 인터뷰 글은 직접적으로 묻고 답하는 형식으로, 인물됨이 중요해서가 아니라 뉴스성 인물인 점이 중요할 때 사용한다. 그 사람의 말 한마디 한마디가 상당히 중요한 경우다. 본문에 들어가기 전 전체 내용을 안내하는, 현재 이슈화된 내용을 알리는 인터뷰어의 멘트를 쓰고 인터뷰하는 상황이나 그때의 분위기를 보여준 다음 일문일답식 구술처럼 써나간다.

인터뷰 글은 단순한 인물 보고서라기보다 인물에 대한 깊은 탐구 글이다. 따라서 깊이 있고 상세하게 캐릭터가 그려지도록 잘 연구해서 써야 한다. 그의 개인적인 성향과 특징을 잘 파악해서 분위기나 인성, 특성을 드러내야 한다. 인터뷰 당시의 현장 분위기를 잘 살린다면 멋진 글이 될 수 있다.

예문

서지윤(가명, 25세) 씨는 T기업의 인턴이다. 아니, 정규직으로 전환 채용된 지 이제 3일된 '신입 사원'이다. 서울 중위권 4년제 대학에서 화학을 전공한 지윤 씨는 졸업을 앞두고 국내 유수기업 20여 곳에 '복붙(복사와 붙여넣기)'으로 입사원서를 넣었다. 화학 전공자였지만, 희망하는 부서는 없었다. 굳이 취업의 폭이 좁은 전공을 살려 직장을 구할 생각이 딱히 없었기 때문이다. 학과 공부보다 취업 3종 세트(TOEIC, OPIC, MOS) 등의 스펙 쌓기에 몰두한 4년이었다. 재학 중 서비스업종에 다녀간 아르바이트를 했던 경험이 서류 통과에 도움이 될 것 같아 T기업에는 '매장관리직'

에 지원했다. 활달한 인상과 살가운 성격을 가진 지윤 씨는 50대1의 경쟁률을 뚫고 가까스로 취업에 성공했다. 그러나 그것은 절반의 성공이었다. '합격'을 축하하는 메일의 아래 부분에는 향후 인턴 교육일정과 유의사항이 빼곡히 적혀 있었다. 합격 통보는 앞으로 이어질 또 다른 취업 전형의 시작을 알리고 있었다. 결승선에 '정규직'의 리본이 걸려 있는, 6개월의 기나긴 마라톤이 시작되었다.

정직원 전환 채용 신입사원 교육 1회차를 마친 지윤 씨를 회사 인근 카페에서 만났다. 지윤 씨는 뜻밖에도 백팩에 캐주얼 차림이었다. 레크리에이션이 병행되어 편한 복장으로 교육을 받고 있기 때문이라고 했다. 그 덕분에 직장인보다는 방금 수업을 마친 대학생 같은 모습이었다. 지윤 씨에게 정규직 전환 채용을 축하한다는 인사를 건네자 배시시 웃으며 핸드폰을 꺼내 사진 하나를 보여주었다. 입사 축하 화환이었다. 화환에는 '귀한 자녀를 보내주셔서 감사합니다. -T기업'이라는 리본이 걸려 있었다. 3일 전 채용소식을 들었을 때의 기쁨이 되살아나는 듯 지윤씨의 얼굴이 상기되었다.

"집으로 배달 온 화환을 받고서야 정직원이 된 게 실감났어요. 근데 인턴 동기가 서른두 명이었는데 그중 아홉 명은 채용이 안 되었어요. 화분 받고 처음에는 좋았는데, 걔네들은 지금쯤 뭘 하고 있을까 그런 생각이 들어서 좀 그랬어요."

지윤 씨는 갈증이 나는지 얼음을 갈아 만든 프라푸치노를 주문했다.

TV드라마와 영화에서 으레 묘사되는 낭만적인 대학생활에 대한 환상을 가지고 있던 여고생 지윤 씨가 대학 입학 후 가장 놀랐던 점은 '학점 무한 경쟁'이었다. 오직 입시만을 목표로 초중고 12년을 보내고 입학한 대학에서 다시 '입사'만을 목표로 그에 따른 학점과 소양을 쌓아야만 했다. 열띤 취업준비에 학번과 학년은 따로 없었다. '1학년 때는 학점관리보다 주량관리에 힘써야 된다.'는 우스갯소리는 90년대에나 통용되던 옛말이었다. 대학생의 '수우미양가'인 학점은 곧 취업 당락의 1차 기준이었다.

"학점이라도 돼야 그나마 서류 전형이라도 통과하니까요. 그래도 취업이 워낙 힘들다 보니 교직에 관심 갖는 학생들도 많은데, 학과별로 학점으로 3등까지는 교직 이수 자격이 주어져서 교생 실습에 나갈 수가 있었어요. 1학년 때는 저도 도전해 봤는데, 고 3때만큼이나 공부한 것 같은데도 안되더라구요. 다들 얼마나 공부를 열심히 하는지…."

지윤 씨는 멋쩍게 웃으며 학점을 관리해야 하는 또 다른 이유에 대해 설명했다. 그것은 '성적 장학금'이었다. '오직 4.5점 만점만이 성적장학금 안정권'이라는 말이 있을 정도로 장학금을 받기 위한 경쟁은 치열했다. 한 학기에 600만 원 가까운 등록금 중 일부라도 장학금 혜택을 못 받으면 당장 휴학을 생각해야 할 학생들이 부지기수였기 때문이다. 장학금 경쟁에서 밀려난 학생들은 자체적으로 장학금을 구하기 위해 아르바이트에 뛰어들었다. 비교적 일자리를 구하기 쉬운 편의점, 카페 등 서비스업이 대부분이었고, 영어와 수학에 자신 있는 일부 학생들은 투자 시간 대비 벌이가 좋은 개인 과외나 학원에서 보조 강사로 일하는 경우가 많았다.

학업과 알바를 병행하는 학생들의 일상의 동선은 '학교-도서관-알바'가 전부였다. 여기에 토익 학원이 추가되기도 했는데, 성적 장학생 선정 기준에 토익 점수도 반영되기 때문이었다. 삶과 사랑을 즐기고 고민해야 할 청춘의 나날들이 학점과 토익 점수, 그리고 얼마 되지 않는 아르바이트비로 환산되었다.

"학과에서 걷는 학생회비가 1년에 10만 원이었는데 학생회비 안 내려고 거의 모든 동기들이 학생회 언니를 피해 다녔어요. 학과 생활도 못 하는데, 할 시간도 없고 누가 누군지도 모르는데 낄 이유가 없었으니까요."

아르바이트를 통해서도 등록금을 충당하지 못하면 마지막 선택은 '학자금 대출'이었다. 4학년 1, 2학기 동안 취업 준비 때문에 아르바이트를 충분히 하지 못한 지윤 씨는 학자금 대출을 받아야 했다. 1학기는 '일반 학자금 대출', 2학기는 '든든 학자금 대출'이었다. 전자는 학기 중에 원리금 균등 분할로, 후자는 취업 후에 상환하는 방식이었다. 누구나 취업 후 여유가 생길 때까지 상환을 유예할 수 있는 후자를 선호했는데, 이마저도 성적순으로 신청을 받았다. 그래서 대출을 받기 위해 학점에 목을 매는 경우도 많았다. 이래저래 쉽지 않은 등록금 마련에 가장 쉬운 해결책은 역시 아르바이트였고, 결국 이를 위해 어쩔 수 없이 강의 시간표를 조정해 가며 아르바이트를 해야 하는 어처구니없는 일이 벌어졌다.

"학교를 다니자니 대출을 받아야 하고, 대출을 받자니 좋은 학점을 받아야 하고, 좋은 학점을 받자니 아르바이트를 할 시간이 없고… 아르바이트를 하지 않으면 학교를 다니기 힘들고… 어디서부터, 뭐가 잘못 된 건지 모르겠더라구요…."

4학년 2학기 들어 졸업을 목전에 둔 지윤 씨는 본격적으로 입사원서를 '뿌리기' 시작했다. 전공이나 적성보다 연봉을 최우선 순위로 두고 인지도와 근무 환경이 좋은 기업에 집중적으로 원서를 넣었다. '취뽀', '사람인' 등 인터넷 커뮤니티와 구인 업체를 통해 취업 정보를 구하던 지윤 씨는 선배의 소개로 'W 취업학원'이라는 곳을 알게 되었다. 강남에 위치한 W 취업학원은 포털 사이트에 취업 관련 정보 제공 카페를 운영하면서 한편으로 취업 준비생들에게 취업 관련 노하우를 강의하는 오프라인 학원이었다. 이 학원에 사무보조 아르바이트 자리를 얻은 지윤 씨는 생생한 취업난을 목격했다.

"선배 언니한테 그런 곳이 있다는 얘기를 듣고 처음에는 설마 했어요. 취업정보, 기업정보를 제공하면서 자소서 쓰는 요령과 면접 요령에 대한 강의를 하는, 말 그대로 취업학원이었어요. 수강생들 중에는 SKY 출신도 많았고, 삼성반, 현차반, 금융반, 포스코반, CJ반 등으로 나누어서 취업대비반을 운영했어요. 반을 맡은 강사들이 그 기업 출신이나 현직 직원이어서 다들 가명을 쓰고 취업 요령에 대한 강의를 했어요."

취업 준비생들의 절박한 심정을 이용한 '취업 장사'였다. 특히 서류 전형에 통과하고 면접에 대한 막막함으로 학원을 찾는 학생들이 많았다고 했다. 1주일에 한 번, 3시간 강의에 수강료는 50만 원. 수험서와 해당 기업 면접 족보, 강사들의 면접 시뮬레이션에 참가하는 비용이었다. 지윤 씨 말로는 학원과 강사가 5:5로 수익을 나누는데, 인기 강사의 경우 취업 시즌 당 수입이 2천만 원을 웃돈다고 했다. 사무보조 업무를 하며 수강생들 면면에 대한 정보를 접할 수 있던 지윤 씨는 수강생들이 모든 면에서 거의 만점에 가까운 초고스펙 학생들이라는 데에 놀라지 않을 수 없었다.

"이런 사람들도 취업이 안 돼 이런 학원까지 오는데, 객관적으로 스펙이 한참 떨어지는 나는 앞으로 어떻게 취업하나 주눅이 들더라구요. 이런 사람들과 경쟁해야 하는 게 막막하기만 했어요."

졸업 학기의 지윤 씨는 다양한 직종의 20여 개 기업에 지원해 중견 기업 세 곳에서 면접을 볼 수 있었다. 그러나 면접 전형이 합격으로 이어지지 못하고 그저 '좋은 경험'을 한 지윤 씨는 결국 졸업을 유예하고 '5학년 졸예자(학적 8학기를 넘긴 졸업예

정자)'가 되었다. 학교의 위상을 높이는 데 절대적인 지표가 되는 취업률을 위해 학교에서는 지윤 씨 같은 졸예자만 수강할 수 있는 '취업 실전전략'이라는 교양과목을 개설하고, 취업 경력센터를 통해 1:1로 취업을 알선했다. 흡사 취업사관학교가 된 대학교가 취업사관생도인 취업준비생들을 전장에 배치하기 위해 후방 지원을 하는 형국이었다. 그에 힘입어 지윤 씨는 마침내 T기업의 서류 전형에 합격하여 그녀의 취업 분투기 사상 네 번째로 면접의 기회를 얻게 되었다. T기업의 신생 유통사업의 매장관리직이었다.

"신생 사업이라 면접 관련 정보를 얻기 너무 힘들었어요. 면접 족보라도 있어야 예상 질문에 대비라도 할 수 있는데 공유하는 사람이 없어서 그냥 막연한 마음으로 면접을 봤어요. 아무 것도 모르니까 편한 마음으로 본 게 오히려 도움이 되었던 것 같아요."

주로 개인사와 인성에 대한 질문을 받았던 2차 임원면접에서 지윤 씨는 취미를 묻는 질문에 '숨은 그림 찾기'라고 대답했다. 어려운 환경 속에서도 답을 찾아낼 수 있는, 집중력과 꼼꼼함을 갖춘 성격이라는 것을 부각시킬 수 있는 답변이었다. 지윤 씨는 그 답변이 최종합격에 가장 결정적인 영향을 끼쳤을 거라고 생각했다. 그러나 최종합격은 엄연히 (인턴 채용)최종합격이었고, 감지덕지로 얻은 인턴이었지만 그 실상은 시쳇말로 '노답'이었다.

지윤 씨는 6개월 동안 말 그대로 '주변인'이었다. 직원도, 아르바이트생으로도 대접받지 못 하며 근로자로서의 권리는 전무하고, 직무에 대한 두려움만 가득한 날들이 이어졌다. 매장 관리에 대한 실질적인 업무보다는 실수할 기회도 주지 않으면서 '실수할 것이 염려되어 잔 업무만 담당하는 것'이 인턴의 본분이었다. 그로 인해

직원에게는 구박을, 아르바이트생에게는 업신여김을 받았다. 아르바이트생과 다름없는 급여에 정직원의 책임감과 성실함을 요구받으면서 부족한 페이는 이른바 '인턴으로서의 열정'으로 채워야 했다.

"오전 9시에 매장을 열어서 밤 11시에 닫는데 2교대 근무가 안 나온다면서 하루 종일 풀 근무한 날이 많았어요. 주 5일 근무라 한 달에 휴일 8일이 보장되어야 하는데, 휴일에 쉬고 있는데 갑자기 연락이 와서 출근하라는 날도 가끔 있었구요. 점장의 평가가 정규직 전환에 크게 반영되기 때문에 불만을 가질 수도 없었어요. 그렇다고 추가 근로 수당을 더 주는 것도 아니고… 이런 게 말로만 듣던 열정 페이구나, 싶었죠."

인턴 지윤 씨의 열정에 지급될 줄 몰랐던 페이는 인턴 생활이 두 달째 접어들면서 다행히 일의 즐거움으로 충당되었다. 어깨 너머로 배운 업무를 원활하게 처리하고 직원들과도 원만하게 지내면서 일의 즐거움을 발견한 것이다. 일이 즐거우니 일상이 즐겁고, 출근길 발걸음도 예전만큼 무겁지만은 않았다. 이따금씩 다른 지점에서 근무하는 인턴 동기들과 고충을 나누면서 각자 이곳이 온전히 '내 직장'이 되는 것을 함께 꿈꾸었다.

인턴 6개월 차가 된 지윤 씨는 마침내 정직원 전환 채용의 최종 관문인 '프레젠테이션 면접'에서 자기 나름의 신규고객 유치와 매출 증대 방안을 발표했다. 주위에서 무난하게 합격 될 거라 격려했지만, 단 40분의 발표 결과에 따라 지난 6개월의 노력이 모두 수포로 돌아갈 수도 있다는 생각에 잠 설친 밤이 여러 날이었다. (정직원 채용)최종 발표를 기다리는 보름이 자신의 인생에서 가장 긴장되는 날들이었다고 말하는 지윤 씨의 얼굴에 그때의 그 두려움만큼이나 환한 미소가 떠올랐다. 기쁨보다는 가까스로 슬프지 않은 날들이 더 많았던 지난한 취업 과정 속에 숨어 있던 미소였다.

"그동안 정직원이 되면 어떤 느낌일까 많이 생각했었는데, 막상 되고 나니 그냥 안정되어 있다는 막연한 느낌만 들어요. 인턴 때는 고생은 고생대로 하고 대우는 대우대로 못 받았으면서, 저한테 누군가 나가라고 여기서 너 필요 없다고 자꾸 등을 미는 것 같았는데, 지금은 제가 열심히 하면 열심히 하는 만큼 즐겁게 일할 수 있을 것 같아 마음이 굉장히 편해졌어요."

지윤 씨는 마지막으로 '이제 행복할 준비가 된 것 같다.'면서 비로소 온전한 직장을 얻은 더없는 기쁨을 표현했다. 그녀는 어쩌면 우리네 인생에 틈틈이 숨어 있는 행복들 중에서 그저 작은 한 조각을 발견한 것일지 모른다. 그러나 '취업'이라는 이름의 그 한 조각은 그녀가 지난 4년을 오롯이 주시하여 발견한 것이기에 더욱 아름답고 소중한 것이다. 그리고 그것은 오늘날 우리 사회를 살아가는, 청춘을 만끽하고 사랑을 노래하는 것을 직업으로 삼아야 하는 평범한 젊은이들의 눈에는 좀처럼 눈에 띄지 않는 것이기에 애처로울 만큼 값진 것이다.

어느 시대에나 젊은이들에게 행복이라는 숨은 그림을 찾는 일은 무척이나 어렵다. 그러나 그것을 찾는 일은 그 안에 숨어 있는 그림이 분명 존재할 때에나 가능하다. 오늘날 잘못된 그림에 얼마나 많은 젊은이들이 고통 받고 있는지, 보다 쉽고 가치 있는 숨은 그림 찾기를 위해 어느 곳을 먼저 살피고 고쳐 그려야 할지 되짚어 볼 일이다.

〈박태원, 스물다섯 지윤 씨의 숨은 그림 찾기〉

05. 현장을 더욱 생생하게! 르포

르포는 현장의 실상을 생생하게 전달하는 글이다. 있는 그대로의 사실을 전하지만 현장을 읽는 이에게 중계하는 것이므로 직접 현장을 방문해보고 느낀 것을 기술한다는 점에서 중요한 역할을 한다. 장소가 아닌 사건을 대상으로 한다고 보면 사실을 전달하는 목격담이자 체험담이라고도 할 수 있다.

르포를 쓸 때 제일 비중이 큰 작업이 기획이다. 무엇보다 기획이 제대로 되어야 사람들 관심을 끌어 읽게 만들 수 있다. (보통은 시의성이 있고 진귀하며 사회적 영향력이 큰 이슈를 선택하게 마련이지만, 또 하나 중요한 건 내가 그 문제에 얼마나 심도 있게 접근할 수 있느냐 하는 점도 소재 선택의 기준이 된다.) 글감은 보통 뉴스기사에서 찾는다. 르포라고 할 땐 보통 사회적인 문제로 대두된 사안이나 사실을 소재로 잡게 마련이다. 르포는 두 가지로 나눌 수 있다.

　첫째, 현장르포. 어떤 특정한 곳에서 벌어지는 일을 넓은 각도로 취재하여 보고하는 것이다. 전쟁, 폭동, 재해가 발생했을 때 현장에 직접 뛰어들어 취재하고 쓴다.

　둘째, 사건르포. 어떤 사건에 대해 전반적이면서도 깊이 탐구하는 자세로 취재하여 보고하는 것이다. 사회적으로 이슈가 된 범죄사건 같은 것을 주로 다룬다.

01 | 르포를 위한 취재

　먼저 자료조사부터 철저하게 하고 시작한다. 기존에 나온 뉴스나 다른 매체의 글, 또 다른 관련 자료를 최대한 조사해서 검토하도록 한다. 이때 철저하고 광범위하게 해야 내실 있는 르포가 된다. 미리 현장답사를 해두는 것도 좋다. 그런 다음 취재방향을 정한다. 사건에 대한 기본적인 사항을 미리 파악한 다음 현장에 뛰어들어야 실수하지 않는다.

　현장 취재는 르포의 핵심이므로 여기에 힘을 기울여야 한다. 주변부터 시작해서 핵심으로 조사를 해나간다. 관계기관이나 관공서 취재는 현장을 먼저 파악한 뒤에 찾아가야 제대로 질문하고 답을 얻을 수 있다. 르포는 '얼마나 열심히 발로 뛰며 취재했는가, 현장성을 얼마나 잘 살렸는가'로 글의 수준이 좌우된다. 현장성 없는 글은 르포로서의 가치가 없다.

02 | 르포의 구성

시간순서에 따라 써나가는데, 기행문이나 탐방기와 비슷해지기도 한다. 또한 사안이나 주제별로 엮어서 쓸 수도 있는데, 이는 신문이나 주간지, 잡지 등에서 많이 사용하는 방법이다. 한편, 시간순서를 따르면서도 주제별로 소항목을 만들면서 쓸 수도 있다. 가장 재미있는 사실, 가장 눈길을 끌 장면을 맨 앞에 구체적으로 그려서 사건으로 부각시키고, 나머지는 덧붙인다는 느낌으로 쓴다.

현장르포는 시간과 장소를 먼저 언급하는 경우가 일반적이다. 장소는 독자가 현장을 그림처럼 그려낼 수 있도록 전개하는 게 바람직하다. 다음으로 이끄는 문단을 내놓고 다시 현장 실태를 언급한다. 이때는 사람들의 말 가운데 대표적인 것만 서술하면 무난하다. 그 다음에 가장 충격적인 것부터 사례를 늘어놓는다. 이때 현장목소리(사투리나 은어 포함)를 살리도록 한다. 이어서 문제점을 언급하고 대책을 말하면 된다. 대책은 관계기관이나 전문가의 멘트를 따와서 쓰면 된다. 마지막으로 취재하면서 내가 느낀 해결책 같은 걸 덧붙인다.

사건르포는 제일 먼저 사례를 내놓는다. 가장 충격적인 사건부터 보여주는 게 좋다. 그리고 이 글을 왜 읽어야 하는지 안내하는 내용을 쓰고, 사건의 전체적인 개략을 언급한다. 주변 사람들의 말을 인용하거나 기관이나 언론에서 내놓은 데이터를 인용한다. 그런 다음 사례를 몇 개 더 언급하고 문제점을 짚어주면서 대책을 서술한다. 마지막으로 관계기관이나 전문가의 멘트를 언급하고 글쓴이의 느낌을 덧붙이면 된다.

르포에서 가장 중요한 것은 현장감을 살리는 일이다. 현장성을 살리려면 현장에서 취재한 여러 사람의 말을 인용하는 문구가 많이 들어가면 좋다. 한 사람이 여러 가지 의견을 말했어도 핵심적인 내용 하나만 사용하도록 한다. 한 사람의 발언이 많이 인용되면 객관적이지 못하고 편파적이라는 인상을 줄 우려가 있다. 관련된 전문가나 당사자, 목격자의 말을 잘 인용하는 것도 중요하다. 인용하는 말들을 얼마나 매끄럽게 잘 연결하느냐에 따라 글의 완성도가 달라진다.

일상 글에서 르포적 글이라면 대단한 사건이나 특별한 지역을 다루지 않아도 좋을 것이다. 르포니까 사회적으로 큰 파장을 일으킨 소재라야 한다고 여기기 쉽지만, 소박하게 나에게 인상 깊었던 장소나 사건을 생생하고 현장감 있게 써도 좋다.

다음 예문은 선량함이 배어나오는 글을 자주 썼던 어느 수강생의 글이다. 대학 1학년 때 했던 봉사활동을 현장감이 느껴지도록 썼다. 끝부분에 붙인 자기 성찰이 값지고 아름다워 낭독하는 걸 들었을 때는 가슴이 뭉클했었다. 관련이 적은 내용은 삭제하고 최대한 그 사건에 초점이 맞춰지도록 조금 손보았다.

예문

우리 동아리는 일주일에 한 번 '거리의 천사들'이라는 단체에 참여했다. 늦은 밤부터 새벽까지 노숙인들에게 무상급식하는 걸 도왔다. 처음 갔을 때가 2월 말이었다. 늦겨울 밤은 두꺼운 패딩을 입어야 할 만큼 추웠다. 거기서 만난 광경은 난생처음 보는 것이었다.

아침부터 저녁까지 사람들로 붐비던 지하철역은 밤이 되자 추위를 피해 내려온 노숙인들로 가득 차 있었다. 새까맣게 때로 얼룩진 옷을 입고 떡진 머리를 한 아저씨들이 밥을 받으려고 몰려들었다. 심지어 그 추위에 맨발에 슬리퍼를 신고 있는 이도 있었다. 그들은 자기보다도 훨씬 어린 우리에게 머리를 숙이면서 밥을 받았다. 고픈 배를 더 채우려고 아저씨들은 '조금만 더 주세요' 하는 애절한 눈빛을 보내기도 했다.

현장에 가기 전, 밥을 나눠주면서 따뜻한 말 한마디씩 하라고 교육을 받았지만, 그들과 눈길이 마주치자 준비했던 인사가 나오지 않았다. 그저 울렁이는 가슴을 진정하고 놀란 표정이 얼굴에 드러나지 않도록 노력할 뿐이었다.

처음엔 많이들 참가했지만, 시간이 흐르자 인원수가 줄었다. 나는 노숙인들을 위해 할 수 있는 건 그저 나가서 밥을 나눠드리는 것이라고 생각했다. 친구들이 하나 둘 떠나는 와중에도 꾸준히 나갔다. 충격도 계속되면 적응되어 범상해진다. 내 마음은 시간이 지날수록 굳어져 그 일은 매주 반복되는 습관이 되어갔다.

9개월 정도 지났다. 겨울이 찾아왔다. 점차 나는 내가 일을 잘 한다고 여기게 되었다. 무엇보다 배식할 때 밥 양을 잘 조절한다고 자부하게 됐다. 처음엔 아저씨들이 밥을 더 달라고 하면 거절 못하고 매번 더 주다가 마지막 방문지인 종각역에선 밥이 모자라는 사태가 종종 일어났다. 시간이 지나면서 어느 정도 퍼줘야 양을 맞출지 어림하게 되었고, 뒷사람을 염두에 두고 앞의 아저씨들에게는 인색하게 굴었다. 그들이 밥을 조금만 더 달라고 부탁할 때면 나는 눈길을 피하며 대답했다.

"다른 분들도 드려야 해서요."

나는 따뜻한 한마디를 건네기보다 밥을 얼마씩 나눠야 모자라지 않을까 하는 데만 정신 팔려 있었다.

한겨울밤이었다. 한파가 이어져 두터운 패딩을 두 개 껴입어도 떨렸다. 나는 여느 날처럼 '거리의 천사들'에 갔다. 그날 메뉴는 홍합 미역국이었다. 나가기 전 좁은 다락방에서 노숙인들을 위해 기도드렸다. 그런 다음 밥과 미역국, 김치를 봉고차에 실었다.

굉장히 많은 노숙인들이 지하철역에 모여 있었다. 숫자가 예상보다 많았기 때문에 밥의 양을 잘 조절해야겠다 싶었다. 정말 인색하게 밥을 떠줬다.

"이걸 누구 코에 붙이라고 주는겨?"

아저씨들은 밥이 너무 적다고 툴툴거렸다. 나는 눈길을 피하며 우물거렸다.

"다른 분들도 드려야 해서요."

간신히 배식을 끝내고 광화문으로 옮겼다. 밥통, 국통, 반찬통을 길에 내려놓았다. 아저씨들이 몰려와 어느새 줄을 서서 기다리고 있었다. 함께 기도한 다음 배식을 시작했다. 모락모락 김이 오르는 미역국에 밥을 얹어주면서 '맛있게 드세요' 혹은 '힘내세요'라고 한마디씩 했다. 그때 줄에 서있던 어떤 아저씨가 밥을 맡은 나에게 부탁했다.

"밥, 이거 너무 적으니까 조금만 더 줘요."

내가 대답했다.

"뒤에 다른 분들도 많이 기다리고 계셔서요. 더 드리고 싶은데 못 드려요."

아저씨는 물러서지 않았다.

"이거 먹고는 배도 안차요."

계속 부탁했으나 나는 같은 대답을 되풀이했다. 뒤쪽에서 아우성이 터졌다.

"거, 뒤에 기다리는 사람도 생각하쇼! 빨리빨리 받고 갑시다!"

갑자기 그 아저씨가 미역국 그릇을 찌그러뜨려 바닥에 던졌다.

"더러워서 안 먹는다. 이걸 먹으라고 나눠주냐."

차가운 길바닥에 미역국과 밥알들이 흩어졌다. 그 아저씨는 뚜벅뚜벅 가버렸다. 내 옆 여학생은 겁에 질려 표정이 굳어졌다. 난 잠깐 당황했다. 이어 화가 치밀었다. 아저씨에게 내가 모욕을 당했다고 생각했다. 내 마음은 길바닥 엎질러진 미역국처럼 차디차게 식었다. 나란 사람이 차가운 바닥에 내팽개쳐진 것 같았다. 어떤 노숙인과 대화하고 있던 팀장이 달려와 내 등을 두드리며 달랬다. 하지만 내내 마음이 불편하기 짝이 없었다.

다음날 아침 기도시간에 미역국을 바닥에 던져버린 아저씨가 떠올랐다. 그때는 화가 나서 미치지 못했던 것들이 생각났다. 자기보다 훨씬 어린 학생에게 머리를 숙이고 밥을 더 달라고 할 수밖에 없었던 아저씨가 되어보았다. 마음이 자기 손으로 찢어버린 일회용 밥그릇처럼 상처 입었을 것이다. 눈길을 피하면서 안 된다고만 우기는 내가 미웠을 것이다. 그리고 마지막 자존심을 지키려고 배고픔을 달래는 대신 미역국을 내던졌을 것이다.

생각이 이어지면서 아저씨와 눈길도 마주치지 않고 거절만 했던 내가, 모욕을 당했다고 생각을 했던 내가 부끄러웠다. 또 미역국 한 그릇도 양껏 드리지 못했던 게 미안했다. 그런 자괴감과 슬픔이 스무 살의 겨울, 나를 괴롭혔다.

〈김규중, 밥〉

다음 예문은 한 인물을 인터뷰해서 렉카의 세계를 쓴 글이다. 원래 예정은 렉카 기사들을 여러 명 만나 직업 세계를 탐구하는 것이었으나 사정 상 한 명만 인터뷰하였다. 그래서 대화나 인물을 살리기보다는 직업 세계의 실상을 알리는 내용을 중심으로 썼다. 거친 인생을 채만식의 탁류에 비유하여 핵심 이미지로 삼은 점도 흥미롭다. 마침 군산에서 취재했기에 금강을 보고 탁류를 떠올렸다고 한다.

예문

"어따, 날씨 한 번 징하게 흐리네….''

흐린 날씨에 금강은 더욱 탁해보였다. 인터뷰를 주선해준 김형은 연신 하늘을 보았다. 그 또한 탁류였다. 젊은 시절, 사채업자인 오야 밑에서 바지 사장을 하다가 대신 감옥에 갔다 왔다. 이 사업 저 사업 벌이다가 군산에 자리 잡은 지 수 년. 사업 파트너의 동생의 친구라는 여러 다리를 거쳐 만났지만 그는 나를 친척 동생 대하듯 했다. 하기야 탁류에 작은 물줄기 몇 개가 치고 들어온다고 대수롭지도 않을 것이다.

요즘 렉카 기사들의 불법 운전을 찍은 동영상이 화제다. 과속은 기본이고 역주행까지 하는 이들의 만행에 사람들은 분노한다. 특히 얼마 전 역주행하던 렉카 기사가 승용차와 충돌 사망 사고가 나자 렉카에 대한 인식은 더욱 안 좋아지고 있다. 그러나 불법 운전이 만연하다는 것은 그만큼 그들이 법의 사각지대에 있다는 뜻이기도 하다.

현재 한국에서 렉카 종사자들에 대한 이렇다 할 통계는 존재하지 않는다. 몇 명이,

어디에서, 어떤 방식으로 영업을 하고 있는지 확인되지 않고 있는 것이다. 정황 상 저학력이거나 전과가 있어 취업에 어려운 사람들이 간단한 면허 취득 과정을 거쳐 종사하고 있을 거라고 추측될 뿐이다.

흥미로운 점은 사회적인 지탄에도 불구하고 렉카 기사를 지망하는 이들은 점점 늘고 있다는 사실이다. 렉카는 등록제로 운영되기 때문에 영업 면허가 있어야 한다. 정부는 렉카의 수요를 조절하기 위해 면허를 내주지 않고 있다. 현재 면허는 천만 원에서 시세가 형성되어 있다. 그만큼 이 일에 뛰어드는 사람들이 적지 않다는 뜻이다.

인생 탁류들의 집합소. 렉카 기사들을 이렇게 표현할 수 있을까? 공교롭게도 『탁류』의 무대인 군산에서 인터뷰는 성사되었다. 김형이 소개해 준 렉카 기사는 박씨 성을 쓰는 43세의 남성이었다(이름을 밝히기 꺼려한 그를 위해 '박씨'라고 칭하겠다). 박씨는 오전에 고속도로에서 난 사고를 수습하기 위해 금산 I.C에 다녀왔다며 약속 시간보다 늦게 도착했다. 김형은 박씨와 안부를 묻더니 인터뷰 잘 하라며 카페 구석 자리로 가서 등을 돌려 앉는다. 두 남자의 존재감만으로도 카페의 분위기는 무거워진다. 일부러 밝게 인사하며 인터뷰를 시작했다.

"나를 좀 괴롭히고 싶었어요."

어떻게 이 일을 시작했냐는 질문에 그는 자신의 과거를 이야기했다. 22살에 첫애가 생겨 먹고 살기 위해 닥치는 대로 일했다. 그러나 전과가 있는 고졸 청년이 할 일은 없었고 아내는 5년 만에 아이와 함께 도망쳤다. 실의에 빠져 술과 도박에 빠져 살다가 문득 더 이상 이렇게는 안 되겠다 싶었다. 힘들어서 술 마실 생각도 안 드는 일, 바빠서 도박할 시간도 없는 일을 하고 싶어 렉카 운전대를 잡았다.

일은 그의 바람대로 아주 고되었다. 사고가 잦은 겨울에는 3박 4일 동안 잠 못 잔 채 눈에 파묻힌 차를 꺼내기도 했다. 그렇게 정신없이 일한 지 11년. 이제 그는 군산 시내에 작은 사무실도 낸, 어엿한 사장님이다. 금강은 탁류지만 큰 강이다. 그도 거친 길을 돌아왔지만 자기 인생에서 한 줄기 큰 강을 이룬 셈일 터다. 옛일을 조곤조곤 말하는 태도엔 후회나 미련이 없어 보였다.

최근 문제가 된 렉카들의 불법 운전에 대해 물어보았다. 그는 고개를 저으며 그런 아이들(그는 젊은 렉카 기사들을 부를 때 항상 아이들이라는 표현을 썼다.) 때문에 부쩍 욕을 많이 먹게 됐다고 했다. 기분 나쁘지 않냐, 고 묻자 어깨를 으쓱하며 "욕먹을 짓을 하니까…."라고 말을 자른다. 하기야 생사가 오가는 사고 현장을 하루에도 몇 번씩 목격하다 보니 지나가는 사람들의 욕 정도야 대수롭지 않겠다 싶기도 했다.

그는 불법 운전은 주로 경쟁이 치열한 수도권 지역에서, 젊은 기사들에 의해 주로 일어난다고 했다. 그리고 그런 불법 운전이 일어날 수밖에 없는 원인에 대해서 말했다.

렉카는 사고 차량을 견인하여 안전한 지역으로 옮겨주는 것을 주 업무로 한다. 이때 안전한 지역이란 사고 현장을 수습할 수 있을 만큼 차를 옮겨놓는 것일 수도 있고 차를 고치는 공업소까지 가는 것일 수도 있다. 그리고 기사들은 이동시킨 거리에 비례하여 돈을 받는다. 그런데 1997년 법으로 규정한 운임(10km 이동시 5만 6천 원)은 18년 동안 변하지 않고 있다(박씨가 말하는 법은 '화물자동차운수사업법'이다). 화물차나 용달차는 기사들의 이익 단체가 존재한다. 화물연대가 대표적이다. 그러나 렉카 기사들은 자신들의 권익을 대변할 단체가 없다. 당연히 어느 누구도 현실화되지 않는 운임에 대해 신경을 쓰지 않은 것이다. 박씨의 이야기는 법과 제도를 짚은

뒤 현실적인 이야기로 이어졌다. 그는 렉카가 출동하는 과정을 설명하며 무엇이 문제인지 짚어가기 시작했다.

교통사고가 난다. 각종 연락망을 통해 소식을 접한 렉카 기사들이 출동한다. 사고 차량을 견인할 수 있는 권리는 무조건 가장 먼저 도착한 차에게 있다. 이것은 이 업계의 불문율이다. 그러나 시간과 기름을 들여 1등으로 도착하더라도 기사가 쥐는 돈은 5만 6천 원. 남는 게 없다. 여기에 공업소의 제안이 있다. 견인 차량을 자기네 공업소에 가져다주면 수리비의 일정액을 주겠다는 것이다. 이 계약을 통바리라고 한다. 통바리 1건에 50만 원 정도. 5만 6천 원과는 비교가 안 된다. 그래서 렉카 기사들은 공업소를 끼고 경쟁적으로 통바리에 나선다. 차주 입장에서는 황당한 노릇이다. 사고가 난 것도 경황이 없는데 갑자기 렉카가 오더니 자신의 차를 끌고가 모르는 공업소에 넣는다. 당연히 다툼이 생긴다. 여기에 먼저 도착하려는 경쟁 운전까지 더해져 렉카 기사에 대한 인식은 더욱 안 좋아지고 갈등은 늘어가는 것이다.

〈중략〉

내 예상과 달리, 박씨는 신중하면서도 자기 원칙에 확고한 사람이었다. 나는 갑자기 딴지를 놓고 싶어졌다.

"그래도 가끔은 과속도 하고 역주행해서라도 먼저 사고현장에 닿고 싶지 않나요?"

박씨는 무뚝뚝하게 대답했다.

"렉카 기사는 1년에 신호를 1개씩 지킵니다."

알쏭달쏭한 대답에 말문이 막혔다. 그는 내 표정을 살피더니 천천히 설명하기 시작했다.

처음 렉카를 시작하면 무서울 것이 없다. 젊은 혈기에 신호도 지키지 않는다. 그렇게 매일매일 사람이 죽거나 다치는 현장을 다니다 보면 슬금슬금 생각이 바뀐다. 언젠가는 나도 저렇게 죽겠구나, 하는 자각이 오는 거다. 그래서 5년이 지나면 신호 5개 정도는 지키고, 10년이 지나면 웬만한 신호는 다 지키게 된다는 것이다. 인터뷰를 하다 보니 렉카 기사라는 직업이 단순히 운전만 하는 직업이 아니라는 사실을 깨닫게 되었다.

보통 사고 현장에 도착하면 견인을 하기 위해 빗자루 등을 이용하여 차량 파편을 치운다. 사망 사고가 난 현장에서 망자의 신체 부위나 살점을 봉투에 담아 경찰에 인계하는 일도 있다. 조금만 생각해보면 너무나 당연하다. 사고 차량 안에는 사람이 있었을 것이고 사람을 수습해야 차량 견인이 가능하지 않은가. 그러니 렉카 기사는 사고 현장을 가장 먼저 손대는 사람이다….

마지막으로 나는 박씨의 장래 희망을 물어보았다. 시종일관 조리 있게 대답하던 박씨가 살짝 당황한 기색을 보였다. 곰곰 생각하더니 어렵사리 대답했다.

"…5톤이요."

"네?"

"큰 차요. 5톤짜리 큰 차."

지금 운전하는 1톤짜리를 정리하고 돈을 더 모아 5톤짜리 대형 렉카를 끌고 싶다는 것이다. 렉카 업계에 대해 이런저런 쓴소리를 했음에도 그는 결국 이 일을 자신이 계속해야 할 일이라 생각하고 있는 것이다.

박씨는 렉카를 타고 돌아갔다.

김형은 나를 태워 터미널로 데려다줬다. 차창 밖으로 멀리 새만금과 금강 하구 둑이 보였다. 김형은 인터뷰가 잘 되었는지는 묻지 않았다.

"앞으로 동상 하는 일이 잘 되었으면 좋겠네."

그는 초면의 동생인 내게 5만 원짜리 한 장을 쥐어주었다. 평소라면 질색했겠지만 그냥 감사하다고 인사하고 받았다. 올라오는 버스에서 내내 금강을 지켜보았다. 탁류는 깊다. 탁하지만 깊다. 여기저기서 흘러온 물을 모두 품어 탁하더라도 깊은 강이 되기로 선택한 것이다. 군산에서 내가 만난 박씨의 삶도 그런 인생이 아닐까. 탁하다고 마냥 피하기만 한다면, 그 깊음은 얻을 수 없을 것이다.

〈엄성민, 탁류〉

직접 읽고, 써보는 실전 글쓰기

06. 독특한 개성이 담긴 여행기 쓰기

　여행기는 디테일을 얼마나 감각적, 개성적으로 그리느냐에 글의 성패가 달려 있다. 여행기가 흥미롭지 못한 건 '겪은 것, 본 것'을 전부 다 글에 담으려고 하기 때문이다. 읽을 만한 여행기가 되려면, 내가 이야기하는 여행이 다른 여행과 무엇이 다른 지를 깊이 고민하고 경험을 선별하여 초점을 맞출 줄 알아야 한다. 요즘처럼 지구촌 구석구석 가보지 않은 데가 없는 시대라면, 어떤 장소를 방문한 경험을 그저 알려주고 공유하는 수준으로는 읽을 만한 글이 되지 못한다. 그 여행을 통해 나만의 독특한 무엇을 내놓을 수 있어야 하는 것이다.
　물론 여행 중에 일어난 모든 일을 기록하는 건 자신에게는 의미 있을 것이다. 그런데 읽는 이까지 매혹시킬 수 있을지는 의심스럽다. 또 단순히 디테일을 모아놓기만 해서는 관심을 끌기 어렵다. 디테일에 의미가 부여되어 줄거리가 있는 이야기로 엮여야 흥미로워진다.

표현에서 나만의 개성을 살리도록 한다. 진부한 표현을 쓰지 않도록 주의한다(놀라운 여행, 행복한 하루, 보기 드문 광경 등등의 막연한 표현들). 또 묘사를 위한 묘사, 남들이 이미 많이 쓴 표현, 지나치게 서정적인 문구는 과감하게 생략하는 게 좋다. 참신한 이미지를 잡아 의외의 비유, 개성있는 비유가 되도록 여러 표현을 찾아본다.

쓰는 내용을 세밀하게 선별한다. 잘 알려진 사실은 생략하거나 간단히 언급하고 넘어간다. 좀 더 의미 있는 것을 찾아서 찬찬히 늘어놓도록 한다. 줄거리를 담당하는 비유적인 일화도 좋고, 생생하거나 특이한 것, 재미있거나 즐거운 것도 좋다. 디테일들이 모여 하나의 이야기로 유기적으로 짜이게 만들어야 한다.

새로운 풍경은 다른 곳에서는 못했던 새로운 생각을 하도록 자극하게 마련이다. 여행이 견문을 넓혀주는 게 되려면 그곳 유적이 어떻게 생겼고 특산물은 어떻게 만들어지는지 정보를 알려주는 것 이상이 되어야 한다. 즉 그곳에선 사람들이 어떻게 살다 어떻게 죽는지와 같은 인생에 대한 통찰이 느껴져야 한다. 장소에 생기를 불어넣는 것은 사람의 생활이다. 그러니 이미 장소에 대해서 많은 글이 나와 있다고 하더라도 주눅들 필요는 없다. 그러려면 그곳에 사는 누군가의 인생 이야기를 듣는 게 도움이 될 것이다.

여행 자체만으로는 흥미로운 글이 되긴 어렵다. 어떤 관점에서 어떤 문제를 다루는가, 자신의 인생문제와 결부된 개성적인 관점과 해석이 필요하다. 상황과 감정에 집중해서 여행경험을 거듭 관찰해보고 자신에게 질문해보자. "그곳에서 나는 무엇을 느꼈는가?"

감상을 언급하기 전에 체험이나 이동경로, 지역의 위치 등이 개성이 있으면서 명확하게 그려져야 한다. 이어서 내놓는 감상은 신선하고 독특하고 의미 깊어야 한다.

다음 예문은 여행의 전체 내용 중 일부(어떤 경로로 어떻게 갔는데 등등)를 간략하게 서술하고 사막체험을 중심으로 쓴 글이다. 여행에서 가장 인상 깊었던 것에 집중하여 자신의 인생을 되돌아보고 성찰하는 방식으로 쓴 점에 주목해보기 바란다.

예문

낙타 3마리. 사막에 있는 천막 2개. 그가 가진 전부라고 했다.

모하메드 베르베르. 29세, 베르베르족. 베르베르어를 사용하지만 필요하면 프랑스어도 쓴다고 했다.

아줌마 셋이 크리스마스에 차나 한 잔 하자고 모였다가 일을 냈다. '이제 자식이나 남편 눈치보고 시중드는 일에 지쳤다, 안 가본 곳에 한 번 가보자'라고 한 아줌마가 말했고 내가 호응했다. 아프리카 대륙, 사막, 그래 그래, 사하라 사막. 의기투합했다. 떠나자, 떠나자!

2주 후에는 비행기를 타고 있었다. 15일짜리 모로코 자유여행. 급하게 정보를 얻느라 인터넷을 뒤지고, 한국어판, 영어판 모로코에 관한 책을 죄다 사들였다. 정보가 얻어지는 대로 여행 동선을 짰고, 비행기와 숙소를 예약하고, 운전수 딸린 봉고차를 계약했다. 가장 중요한 영문판 론리플래닛은 비행기에서야 펴볼 수 있었다. 그렇게 홀린 듯 급하게 한국을 떠났다.

사막으로 가기 위해 이틀 꼬박 차를 달렸다. 초록의 산과 들을 지나고, 눈과 얼음으로 뒤덮인 산을 넘자, 점점 나무가 사라지더니 붉은 흙이 드러난 얕은 산들이 줄지어 나타났다. 가끔 마주치는 오아시스 마을은 어린 시절 동화책에서 본 것처럼 천막 몇 개가 있는 조그만 동네가 아니었다. 주변 흙으로 지은 집이 산과 잘 구별되지 않는, 사람이 사는지도 모를, 그럼에도 도시라고 할 정도로 큰 마을이 가느다란 강줄기를 따라 있었다. 산은 점점 더 낮아졌다. 구릉들이 보이기 시작했다.

산의 붉은 속살들은 지구라는 행성의 지나온 역사를 고스란히 말해주는 듯 했다. 산이 바다에서 솟아오르고, 나무가 생겨 숲을 이루다 사라지고 흙만 남은 곳. 행성의 역사가 파노라마처럼 내 머릿속에서 지나갔다.

차가 멈췄다. 사막의 입구에 도착한 것이다. 여행자들을 위한 휴게소. 여기서 음식을 먹고 휴식을 취하면서 사막에 들어갈 짐을 꾸린다고 했다. 물론 타고 갈 낙타와 낙타잡이도 여기서 만난다. 3명의 아줌마들을 위해 3마리의 낙타가 준비되었다. 낙타잡이는 한 사람. 이름은 모하메드 베르베르. 180이 넘는 키에 어깨가 넓은 청년이었다. 모래먼지가 뿌옇게 앉은 터번을 두르고 전통의상 질레타를 입고 있었다. 검붉은 얼굴은 환히 빛났다. 사막의 뜨거운 태양 아래에서 살아온 날들이 찬란했던가 싶었다. 이틀간 비행기를 타고, 이틀간 차를 타고 달려온 노고를 위로하려는 듯 그는 맑은 미소를 지어 보였다.

그는 낙타를 묶은 줄을 느슨하게 잡고 걸었다. 세 놈은 서로 줄줄이 묶인 채 순순히 걸어가는지라 딱히 낙타잡이가 없어도 될 것 같았다. 그는 말이 없었다. 해를 쳐다보지도, 앞을 살피지도 않았다. 뜨거운 태양열을 견디느라 애쓰는 것 같지도 않았다. 목적지를 계시 받은 순례자처럼, 자신의 별을 따라 걷는 목동처럼 천천히 걸어갔다.

사막에 해가 지기 시작했다. 모래는 석양을 반사하며 출렁거렸다. 그가 고개를 들어 서쪽 하늘을 힐끗 보았다.

"오늘 밤엔 달이 뜨겠네요. 운이 좋으세요."

해가 언덕 뒤로 숨자 기온은 급격히 떨어졌다. 사막의 캠프는 큰 천막 두 개가 전부였다. 차가 들어올 수 없는 곳이니 이 정도도 호사스럽다 싶었다.

막 식사를 하려는데 방문객이 있었다. 모하메드의 친구라는 베르베르족 남자 3명이 프랑스인 여행자 2명을 데리고 나타난 것이다. 사막에서 뜨는 달을 보기 위해 깜깜한 사하라를 세 시간이나 걸어서 들어왔다고 했다. 모하메드는 환하게 웃으며 말없이 숟가락을 건넸다. 한국인 3명, 프랑스인 2명, 베르베르인 4명, 생면부지인 사람들이 따진 그릇 하나를 가운데에 두고 둘러앉아 평화롭게 음식을 먹었다.

천막 밖에다 모닥불을 피웠다. 모하메드는 장작을 높이 쌓았다. 모두 사막 밖에서 지고 들여왔을 터였다. 내가 "아까운데 조금만 하지요?" 하니 이만큼은 쌓아야 내일 새벽까지 간다고 했다. 장작은 소리를 내며 순식간에 공기를 빨아들였다가 열기를 토했다.

베르베르인이 전통 악기를 연주하기 시작했다. 모하메드는 북을 두드리며 노래를 불렀다.

'이것이 우리의 인생. 우리는 옛날 옛적 할머니의 할머니. 또 그 할머니의 할머니.

언제인지 알 수 없는 그때부터 이렇게 살아왔지. 같이 나눠먹고 같이 노래하며 같이 밤을 지새우지. 우리는 물통 하나, 따진 하나, 낙타 한 마리, 천막 하나면 충분하네. 우리의 인생은 이렇게 흘러가는 것. 어제 잔 곳은 오늘 자는 곳과는 다르지. 내일은 어느 별 아래에서 잘까? 내일 별은 오늘 별과 같고, 오늘 별은 어제 별과 같다네. 우리는 결국 오늘에 살지.'

그의 노래는 프랑스어로, 다시 한국어로 옮겨졌다.

"프랑스어를 잘하니 도시에 나가 살거나 프랑스에 가서 살아도 될 텐데?"

"몇 년 나가 살아봤지만, 사막이 좋아요. 더 이상 바랄 게 없어요."

그는 부모 세대처럼 유목민으로 떠돌지는 않지만, 하늘 아래 모든 것이 감사하다고 했다. 매일이 다시 시작되는 여행이며 오늘은 오늘만의 여행이라고 했다.

내 삶이 되돌아봐졌다. 현실에 발을 붙이지 못하고 항상 어딘가로 떠나고자 했었다. 오늘 하루가 새로이 받은 새날이라는 기쁨이 없었다. 오늘은 좀 더 나은 내일을 위해 견뎌야 한다고 생각했었다. 미래를 위해 현재를 희생하는 삶. 행복할 리가 없었다.

모래 언덕 뒤로 보름달이 떠올랐다. 검은 언덕들은 끝자락부터 서서히 빛나기 시작했다. 모래 한 알 한 알에 반사되는 휘황한 달빛. 은빛을 머금은 사막은 달빛 아래 흐르는 강물처럼 찬란히 빛나고 있었다. 달이 머리 위를 지나 반대편 모래 언덕으로 넘어갈 때까지 모닥불은 꺼지지 않았다. 우리의 이야기도 베르베르어로, 프랑스어, 한국어로 이어졌다.

〈이해건, 모하메드 베르베르〉

여행기라고 하면 흔히 해외의 특별한 장소를 방문한 경험을 써야한다고 생각하기 쉬우나, 필자가 사는 주변 지역의 가까운 장소를 방문하고 관찰해서 쓸 수도 있다. 세세하게 관찰해서 남다른 것을 찾아낼 수만 있다면 얼마든지 흥미로운 글이 될 수 있다. 이때 신선한 시각과 개성적인 표현이 흔해빠진 다른 여행기와 차이를 만들어준다. 독특한 관점과 표현을 갖도록 신경을 써보자.

다음 예문은 일상적인 장소를 소개하는 글이다. 이 여행기는 자신의 느낌을 충실히 표현했다. 여느 여행기와 다른 점은 장소의 이동이 거의 일어나지 않았다는 것이다. 여행기를 쓰고 싶지만 소재가 될 만한 경험을 하기 어려울 때 이런 글을 써보는 것도 좋을 것이다. 또한 일상적인 장소의 재발견이라는 테마로 장소 이야기, 탐방기 정도의 글을 여럿 써 모으는 것도 흥미로운 작업이 될 것이다.

예문 1

8월의 어느 날, 나는 카메라를 어깨에 메고 언덕길에 올랐다. 좁은 골목길의 양 옆에는 오래되고 납작한 땅집들이 가득했다. 오가는 사람 하나 없었고, 시멘트로 포장된 길바닥은 열기를 내뱉고 있었다. 손바닥만 한 창문이 하나씩 달린 벽들 사이로 모세혈관처럼 이어진 골목을 따라 십여 분을 올라갔다. 활짝 웃고 있는 강아지 벽화가 나타났다. 나는 흘러내리는 땀을 훔치며 거친 숨을 내쉬었다. 이화마을에 도착했다는 안내 표지판이 보였다.

나는 사진기로 벽화를 찍기 시작했다. 강아지, 해바라기, 하얀 꽃, 사람 얼굴 등 다양한 그림들이 좁다란 계단이나 길 옆 벽면, 누런 집 벽 위에 그려져 있었다. 벽화들을 계속 찍으면서 걸었다.

갑자기 벽화가 아니라 동네사진을 찍고 싶어졌다. 벽화가 없는 길을 따라 걸었다. 낡아 모서리가 부서진 두꺼비집이 달린 벽을 따라가 방향을 바꾸고, 길가에 세워진 씨티 오토바이를 찍고, 정신없이 엉킨 전깃줄이 매달린 전봇대를 찍으면서 걷다 보니 길을 잃었다. 둘러보았지만 이정표가 될 건물이 없어 어디가 어딘지 가늠할 수가 없었다. 무작정 내가 왔던 길이라고 생각되는 곳으로 걸었다. 하지만 더 깊숙이 미로 속으로 들어가는 듯 했다.

본래 이화마을은 벽화가 있는 명소가 아니라, 가난한 사람들이 사는 달동네였다. 이리저리 헤매다보니 벽화에 가려진 본모습을 보게 되었다. 골목 곳곳에 쓰레기들이 널브러져 있고 찢어진 봉지 위로 파리들이 날아다녔다. 그걸 본 순간 지린내가 코를 찔렀다. 윙윙거리는 파리를 따라 시선을 옮기니 저쪽 구석에 새까맣게 굳은 똥이 있었다. 그 옆으로는 문으로 오르는, 너무나 좁은 계단이 있었다. 집들이 나를 둘러싸고 있었지만 사람의 목소리는 들려오지 않았다. 나는 길을 잃었고, 혼자였다. 사방의 벽이 나를 점점 옥죄어드는 것 같았다. 무더위와 무거운 고요, 기분 나쁜 냄새, 그리고 지저분한 모습에 정신을 잃을 정도로 어지러워졌다.

〈김규중, 이화마을〉

예문 2

'비가 그치면 돌을 굴려라. 그러면 성문 앞에서 그녀가 당신을 기다리고 있을 것이다.'

이름도 긴 그 카페의 명성은 오래 전부터 들었다. 줄여서 '비돌'이라고 부른다고 한다. 오후 6시부터 새벽 2시까지 문을 여는 그 가게를 처음 낮에 우연히 지나쳤을 때, 마치 '하울의 움직이는 성'과 같았다. 하울의 성처럼 지저분하고 건드리면 부서질 것 같았다. 허름한 건물은 아니었지만, 건축 재료가 짐작되지 않을 정도로 벽과 기둥, 바닥엔 다양한 재료들이 붙어 있어, 하울의 성과 똑같았다. 벽돌, 철판, 나무, 유리, 타일 등등. 재료들을 붙이고, 그 위에 또 붙이고 붙여서 마치 구멍이 난 벽을 임시로 가려놓은 것 같았다. 바지의 찢어진 부분에 다른 천을 덧대어 기워 입은 것처럼. 그나마 가끔 벽돌이 드러나 보여 원래 이 집 모습은 흔한 붉은 벽돌의 단아한 2층집이 아니었을까? 상상하게 되었다.

가게는 허름한 고물상의 느낌으로 무섭기도 했지만, 깔끔한 벽돌집이 변했다고 상상하자 갑자기 흥미로워졌다. '저 문을 열면 어떤 소리가 날까? 계단을 밟고 올라서면 끼익-끼익 소리가 날까? 가게의 냄새는 어떤 향일까? 물에 젖은 나무의 냄새가 나지 않을까? 이곳에 찾아오는 손님들은 어떤 사람들일까? 가게의 주인은 어떻게 생겼을까? 나이가 많을까?' 궁금했지만 햇볕이 쨍쨍하던 한낮에, 가게는 대문마저 꽁꽁 잠가두고 있었다.

그러다 어느 날 그 가게를 다시 가보았다. 저녁의 가게는 빛이 났다. 말 그대로 빛이 번쩍번쩍 났다. 낡고 기운 곳들을 숨기려는 듯 가게는 빛으로 화려하게 감싸여 있었다. 철판으로 기워진 낡은 곳들은 조명의 빛을 받아 더욱 반짝거렸.

우리는 가게의 테라스에 앉았다. 실내는 좌석이 다 찼다고 했다. 들어가 보고 싶어 안달이 났지만, 어쩔 수 없었다. 안경을 쓴 왜소하고 하얀 여인이 메뉴판을 들고 나왔다. 주인이었다. 초등학교 선생님 같았다.

맥주를 시켜놓고 시원한 바람을 맞으며 이야기를 나누었다. 갑자기 하늘에서 빗방울이 떨어지기 시작했다. 비는 거세져갔다. 빗방울이 바닥을 치는 소리가 커져갔다. 실내로 뛰어들었다. 자리가 없어 2층으로 갔다.

2층! 공간이 매우 묘했다. 아주 널찍한 평상이 있었다. 입구부터 자리 잡고 있는 것이 이상해보였다. 우리는 신발을 벗고 평상 위로 올라갔다. 자리를 잡고 둘러보니 가게 안은 내가 상상했던 것보다 더 많은 부분이 기워져 있었다. 보수를 한 것인지, 일부러 설계한 것인지 알 수 없는 인테리어였다.

우리는 평상에 널브러져서 앉거나 누운 채로 새벽까지 시간을 보냈다. 비는 계속 세차게 내렸다. 문득 가게의 이름을 생각해보았다. '비가 그치면 돌을 굴려라. 그러면 성 문 앞에서 그녀가 당신을 기다리고 있을 것이다.'

나는 평상에 누운 채로 빗소리와 시끄러운 웃음소리에 젖어들었다. 비와 잘 어울리는 장소였다. 세찬 비를 견디려고 여러 재료들로 건물을 기운 것일까? 이 비가 그치면 그는 정말 성문 앞에서 그녀를 만날 수 있을까? 도대체 왜 이런 이름을 지었지? 주인에게 이름의 뜻을 물어보지는 않았다. 그냥 이름이 가게와 잘 어울렸다. 또 가게의 주인과도 어울리는 듯 보였다.

비는 점점 거세졌다. 비는 가게의 유리를 깨뜨리고라도 들어오겠는 듯 창문을 세차게 내리치고 있었다. 가게는 비를 맞으면서 점차 여기저기 흔들흔들, 쿵쾅쿵쾅 거렸다. 그렇게 가게는 새벽 내내 비를 맞고 있었다.

〈변산노을, 비돌카페〉

이남희 _ 부산에서 태어나 충남대학교 철학과를 졸업하고 서울에서 교사 생활을 했다. 1986년 《여성동아》 장편공모에 갑신정변을 다룬 역사소설 『저 석양빛』이 당선되어 작품 활동에 나섰으며, 1989년 교직을 그만두고 전업 작가 생활을 시작, 중앙대 예술대학원을 졸업했다. 현재 중앙대학교와 한국예술종합학교, 한겨레교육문화센터에서 치유 글쓰기와 수필을 강의하고 있다. 저서로는 단편집 『사십세』 등과 장편소설 『소설 갑신정변』 『세상의 친절』 『연인이 되는 절차』 『청년 우장춘』 등과 『자기 발견을 위한 자서전 쓰기』 『나를 만나는 글쓰기』 등이 있다.

초보자를 위한 글 잘쓰기 비결
나의 첫 번째 글쓰기 시간

2016년 5월 6일 초판 1쇄 펴냄
2019년 3월 11일 초판 2쇄 펴냄

지은이 이남희 | **펴낸이** 김재범 | **편집장** 김형욱
편집 강민영 | **디자인** 나루기획 | **관리** 강초민, 홍희표
인쇄 · 제본 굿에그커뮤니케이션 | **종이** 한솔 PNS
펴낸곳 (주)아시아 | **출판등록** 2006년 1월 27일 | **등록번호** 제406-2006-000004호
전화 02-821-5055 | **팩스** 02-821-5057
주소 경기도 파주시 회동길 445 (서울 사무소: 서울시 동작구 서달로 161-1 3층)
이메일 bookasia@hanmail.net | **홈페이지** www.bookasia.org
페이스북 www.facebook.com/asiapublishers

ISBN 979-11-5662-189-8 13800

*값은 뒤표지에 표시되어 있습니다.

이 도서의 국립중앙도서관 출판예정도서목록(CIP)은 서지정보유통지원시스템 홈페이지(http://seoji.nl.go.kr)와 국가자료공동목록시스템(http://www.nl.go.kr/kolisnet)에서 이용하실 수 있습니다.(CIP제어번호 : CIP2016007627)